Claus Dahms

Laufen
Geschichte, Kultur, Praxis

Claus Dahms

Laufen

Geschichte, Kultur, Praxis

VERLAG DIE WERKSTATT

Die Deutsche Bibliothek - CIP-Einheitsaufnahme

Ein Titeldatensatz für diese Publikation ist bei
Der Deutschen Bibliothek erhältlich

Die Reihe **abenteuer:Sport** wird herausgegeben
von Martin Hoffmann und Martin Krauß.

2001   2002   2003   3   2   1

Copyright © 2001 Verlag die Werkstatt GmbH,
Lotzestraße 24a, D-37083 Göttingen
www.werkstatt-verlag.de
Alle Rechte vorbehalten.
Fotos: Claus Dahms und Archiv
Zeichnungen: Ursula Güttsches
Lektorat: Martin Hoffmann
Satz und Gestaltung: Verlag Die Werkstatt
Druck und Bindung: Westermann-Druck Zwickau

ISBN 3-89533-313-1

Inhalt

6

Vorwort

„Das Laufen ist nicht bloß eine der natürlichsten, sondern auch der heilsamsten Übungen für die Gesundheit und Stärkung des Körpers", stellte der Pädagoge Johann Christoph Friedrich GutsMuths schon 1817 fest. Er fügte allerdings eine Einschränkung hinzu: „wenn es nicht übertrieben wird". Damit hat der Turnlehrer aus dem thüringischen Schnepfenthal schon vor knapp zwei Jahrhunderten die Grundlage dieses Buches formuliert: Laufen ist gesund. Laufen macht fit und viel, viel Spaß. Nur muss die Rennerei richtig dosiert werden.

Die Gesundheitspille Laufen ist also gar nicht so neu, wie moderne Bezeichnungen uns das vorgaukeln wollen – angefangen von Jogging über die Fitness-Welle bis zum Marathon-Boom. All diese Begriffe ordnen sich in eine lange Geschichte rund ums Laufen ein. Diese Historie und ihre Auswirkungen soll mit dem Buch verdeutlicht werden. Dabei bleibt der geschichtliche Aspekt keineswegs auf das Kapitel beschränkt, in dem der Weg des Laufens zum modernen Sport im Mittelpunkt steht. Bis ins letzte Kapitel, in dem der ehemalige 1.500-m-Weltrekordler Otto Peltzer aufdeckt, warum die finnische Lauflegende Nurmi vegetarische Ernährung anpries und gleichzeitig dicke Schinkenbrote vertilgte, durchziehen immer wieder historische Bezüge das Buch. Denn sie erklären das Laufen in der Gegenwart. So gesehen ist „Laufen" ein Geschichtsbuch.

Aber nicht nur das. Das Buch will verdeutlichen, wie die Grundlagen jedes erfolgreichen Lauftrainings aussehen. Welche „Dosierung" des Laufens zu welchem Erfolg führt. Aber auch nicht verschweigen, welche Folgen ein Übertreiben der natürlichsten sportlichen Betätigung bewirken kann. Deshalb erklärt das Buch, sowohl für den angehenden als auch den bereits geübten Läufer, warum und auf welche Weise sich körperliche Veränderungen beim regelmäßigen Laufen einstellen. Und es wird aufgezeigt, welche Regeln zu beachten sind, um ein Läufer zu werden oder den persönlichen Leistungshorizont zu erweitern.

Darüber hinaus hält das Buch jede Menge ganz konkreter Ratschläge für den Ausdauersportler bereit, der wissen will, welche die richtige Ernährung ist, wie stark die Laufleistung mit den Jahren abnimmt oder aber welches konkrete Trainingsprogramm absolviert werden muss, um die „Königsdistanz" Marathon zu bewältigen. Es gibt viele unterschiedliche Motivationen, die einen Menschen im Zeitalter von Auto und Rolltreppe zum Läufer machen. Die einen laufen für die Gesundheit, die anderen, weil sie Spaß an der Bewegung haben. Wieder andere wollen ihre persönlichen Leistungsgrenzen antesten und sich in Wettkämpfen fordern. Die sozialen Lebensumstände des Ausdauersportlers und sein kultureller Hintergrund spielen dabei eine wichtige Rolle.

Deshalb beschäftigt sich das vorliegende Buch mit vielen Aspekten, die in den meisten anderen Laufbüchern nicht abgehandelt werden. Es ist gleichermaßen ein Lesebuch wie auch ein Ratgeber für alle Freunde des Laufsports.

Von Laufboten, Naturliebhabern und Rekordjägern

„Die Geschichte des Langstreckenlaufes begann in demjenigen Augenblick der Menschheitsgeschichte, als der Mensch vom Baume zur Erde herabstieg." Mit dieser Feststellung begann Dr. Philipp Hainz seinen Rückblick im bereits 1927 geschriebenen Buch „Langstreckenlauf". Die Körperübungen des Laufens, Springens und Werfens entstanden bereits in der Urgesellschaft. Von der Jagd als Hauptnahrungserwerb abgeleitet, wurden vielfältige Formen des Laufens, Springens und Werfens in Übungs- und Wettkampfform betrieben. Davon zeugen Felszeichnungen und Höhlenmalereien. Das Sporttreiben hat die Menschen seither nie losgelassen. Davon berichten die Heldensagen der Griechen, Germanen und anderer Völker.

Das so oft zitierte sportliche Vorbild der Olympischen Spiele in der griechischen Antike hat dagegen für den Langstreckenlauf recht wenig Bedeutung. Die längste bei diesen heiligen Spielen gelaufene Wettkampfstrecke betrug gerade mal 4.614 Meter. Gut trainierte Langstreckenläufer gab es im alten Griechenland zwar in großer Zahl. Aber sie zählten nicht zu den Sportlern, sondern zu den „Dienstleistern". Wie bei allen alten Gesellschaftssystemen überbrachten in Griechenland die militärischen und zivilen Meldeläufer Nachrichten über große Distanzen.

Langstreckler zählen zu den „Dienstleistern"

Laufen als Broterwerb

Der Beruf des Läufers ist sehr alt. Die ersten Männer, die damit ihren Lebensunterhalt bestritten, stammen aus biblischer Zeit. König Salomo (965 bis 926 v. Chr.) soll 1.000 Läufer beschäftigt haben. Solange es keine oder nur wenig befestigte Wege gab, waren Boten unentbehrlich, um einigermaßen zügig Nachrichten und Botschaften auszutauschen. Im Gelände und über größere Entfernungen war der leichtfüßige Läufer sogar dem einzelnen Boten auf dem Pferd überlegen.

Laufende Boten übten einen ganz normalen Beruf aus. In den gut organisierten alten Kulturen übermittelten Tausende von Stafettenläufern Nachrichten über Hunderte von Kilometern in kürzester Zeit. „Mit dieser Weise geschieht es gar offt, dass der König in drei Tagen eine Avis bekombt, oder neue Früchte erhält, die 10 Tagesreisen von seiner Hofstatt entfernet", lobte E.G. Happel 1683 die chinesischen Boten des 17. Jahrhunderts.

Ähnliche, durch Stafettenläufer aufrecht erhaltene Nachrichtensysteme gab es bei den Inkas, den Römern, den Persern und den Arabern. Quellen berichten, dass eine von Läufern im Inkareich übermittelte Nachricht von Cuzco nach Quito sieben Tage unterwegs war. Dabei maß die Distanz zwischen den beiden Städten 1.600 km Luftlinie, und die Wegstrecke war mit großen Höhenunterschieden gewürzt. Eine Postkarte aus Süditalien liegt heutzutage auch nicht schneller im heimatlichen Briefkasten.

Im von Klein- und Kleinststaaten geprägten Deutschland ließen sich keine organisierten Botenketten aufbauen. Deshalb waren Distanzen einzelner Läufer über Hunderte von Kilometern keine Seltenheit. Den Boten war das auch lieber so, denn sie hatten ein Tarifsystem wie heute die Taxifahrer und wurden pro gelaufener Meile bezahlt. Wartezeiten, wie sie für die Läufer bei einer Stafette unumgänglich sind, wären für sie Zeiten ohne Verdienst gewesen. Allerdings waren die Läufer kein Berufsstand

◄ Diese Lithographie aus einem Kinderbuch um das Jahr 1850 zeigt einen Vorläufer vor der herrschaftlichen Kutsche.

mit einem besonders guten Ansehen. Sie galten als streitlustig und trunksüchtig, als Aufschneider und Lügner.

Die Boten-Legende

Immer wieder wird in den überlieferten Berichten erzählt, dass ein Bote nach der Überbringung seiner Botschaft zusammengebrochen und gestorben sei. Die bekannteste dieser Legenden umrankt den Marathonlauf. Ein Bote soll nach dem Sieg der Athener über die Perser 490 v. Chr. mit der Siegesbotschaft vom Ort der Schlacht bis nach Athen gelaufen und nach Verkündung tot zusammengebrochen sein. Inzwischen ist historisch belegt, dass der griechische Philosoph Plutarch bei der Niederschrift der Geschichte den Tod des Läufers schlichtweg erfunden hat, um dessen Leistung noch heldenhafter erscheinen zu lassen.

Viele andere Berichte über den angeblich lebensgefährlichen Beruf des Boten ließen das Laufen auch nicht gerade als gesund erscheinen. Berichterstatter benutzten die Sensationsmeldung eines tatsächlichen oder erdichteten Todes im Umfeld einer Langstreckenleistung, um ihre Berichte

▲ Vorläufer des kaiserlichen Hofes in Wien (um 1710).

Ein Lauf als Gesellenprüfung

reißerisch zu verkaufen. E.G. Happel machte 1683 in seinem mehr als 800 Seiten starken Wälzer „Gröste Merkwürdigkeiten der Welt" seinen Lesern zumindest klar, dass der von ihm geschilderte Tod eines Boten vom Saufen und nicht vom Laufen herrührte. Er berichtet von einem Läufer, „welcher in einem einzigen Tage 21 starke Teutsche Meilen abgelaufen ist". Dabei war dieser schneller als der Landgraf von Hessen-Cassel mit seinem besten Pferd. „Und weil damals ein Tantz gehalten worden, so hat man ihn gefragt, ob er sich wohl unterstünde, noch einen Reigen zu tanzen, worauf er mit einem freundlichen ja geantwortet. Und als er zuvor einen Pokal mit Wein zu sich genommen, seine Hitze ein wenig zu kühlen, da ist er, als er den Reigen nicht halb vollendet, plötzlich todt zur Erden gefallen, welches Unglück, so dem starken Trunk zugeschrieben worden." Wenigstens bekam der Läufer Happels Bericht zufolge ein prächtiges Begräbnis.

Neben dem laufenden Boten entstand im 17. Jahrhundert ein neuer Berufsstand: der Vorläufer. In dieser Zeit kam bei den adeligen Herrschaften die Mode auf, in einer Kutsche zu reisen. Der Vorläufer erkundete den Weg, lief nachts mit einer Fackel voraus und stand bei Unfällen und Radbrüchen als zusätzliche Hilfskraft zur Verfügung. Je besser das Straßensystem ausgebaut wurde, desto unwichtiger wurden die Vorläufer. Doch jetzt entwickelten sie sich zu einem Prestigeobjekt, mit dem ihre adeligen Herrschaften Macht und Reichtum beweisen wollten. Was heute ein Jaguar oder Rolls-Royce ist, waren damals die Vorläufer der Adeligen.

Der Läufernachwuchs wurde wie in jedem anderen Beruf ausgebildet. Allerdings ist über die Ausbildung zum Berufsläufer sehr wenig bekannt. Läufe über morastigen Untergrund und mit bleibeschwerten Schuhen sollen als Trainingsreize eingesetzt worden sein. Als Gesellenprüfung war natürlich ein Lauf vorgesehen. 1827 wird von einer solchen Prüfung berichtet: „Nach der in Wien von je her bestehenden Gewohnheit müsse ein jeder Läufer, bevor er frei und wirklicher Läufer würde, einen sogenannten Freilauf von Mariabrunn und zurück (rund 18

km) in einer Stunde und zwölf Minuten machen, sonst
werde er nicht als Läufer anerkannt." Durch die große Ansammlung von adeligen Herrschaften und Botschaftern gab es in Wien besonders viele Vor-
läufer. Dort etablierten sich auch erste Wettläufe. Von 1822
bis 1847 fand jeweils am 1. Mai ein etwa 10 km langer
Straßenlauf statt. Zum sogenannten „Lauferfest" erschienen Tausende von Zuschauern. Dabei kam es weniger darauf an, welche Zeiten gelaufen wurden, sondern welche
Adelshäuser mit ihren Läufern die besten Plätze belegten.
Nicht zufällig wurde der letzte dieser Läufe 1847
durchgeführt. Denn Frankreich wurde in der Folge der
Pariser Februarrevolution 1848 Republik, und die bürgerliche Revolution erfasste Deutschland. Im Mai trat die
neu gewählte Nationalversammlung in der Frankfurter
Paulskirche zusammen, und auch in Österreich mehrten
sich die Demonstrationen. Das war eine gesellschaftliche
Situation, in der es sich der Adel nicht mehr leisten
konnte, Läufer als Statussymbol zu beschäftigen. Das galt
sowohl für die Vorläufer vor der Kutsche als auch für die
Wettläufer zum Ruhme des eigenen Adelshauses. Die
Läufer wurden entlassen.

In den letzten 20 Jahren haben sich übrigens wieder
Boten etabliert, die von ihrer Ausdauerleistung leben. Die
Fahrradkuriere sind aus den modernen Großstädten
nicht wegzudenken und haben die Nachfolge der laufenden Boten übernommen.

Ein Teil der arbeitslos gewordenen Botenläufer versuchte
sich im 19. Jahrhundert als Schnellläufer, um den Lebensunterhalt zu verdienen. Sie präsentierten ihr läuferisches
Vermögen als eine Art Jahrmarktsattraktion und befrie-
digten damit das Bedürfnis ihres Publikums nach Sensation und Unterhaltung. Peter Bajus hieß der erste
Schnellläufer in Deutschland, dessen Rennen große Zuschauermassen anzogen. Das war bereits im Jahr 1824, als
die Hofläufer noch in Dienst und Stellung waren. Die Zeitungen berichteten ausführlich und machten Bajus über-
regional bekannt. Zuvor hatte er sich und seine Familie als

**Schauläufer und
Berufsläufer**

14

Tagelöhner mehr schlecht als recht durchs Leben gebracht. Durch die Geldsammlungen, die am Rande seiner Läufe veranstaltet wurden, verdiente er dagegen anständig. Doch als ihm aufgrund seiner Berühmtheit vom Großherzog von Hessen-Darmstadt eine Stellung als Hofläufer angeboten wurde, zögerte er keinen Augenblick. Er wählte die nicht übermäßig bezahlte Anstellung und war damit von der Bühne des Schaulaufens verschwunden.

Andere traten an seine Stelle. Um ihre Darbietungen noch attraktiver zu gestalten, nahmen die Schauläufer ständig Neuerungen ins Programm auf, mit denen sie das Zuschauerinteresse steigern wollten. Zunächst liefen sie Wendepunktstrecken, die einmal bewältigt werden mussten, also von einer Stadt ins nächste Dorf und zurück. Dann wurden Rundenläufe eingeführt. Die Zuschauer konnten so die Vorführung durchgängig beobachten. Da die Schauläufer mit anderen umherreisenden Schaustellern um die Gunst die Publikums wetteiferten und deshalb immer neue Attraktionen abliefern mussten, entwickelten sich einige von ihnen zu „Kunstläufern", die rückwärts liefen oder sich im Walzerschritt vorwärtsbewegten.

Mit den Jahrmarktsläufen wurde ein weiterer Schritt hin zum Sport beschritten. Die Läufer und deren besondere Fähigkeit traten zunehmend in den Mittelpunkt des Geschehens. Bis dahin war das Laufen eine Dienstleistung für andere gewesen, ein Mittel zum Zweck; jetzt begann man, die sportliche Leistung als solche zu würdigen.

Zum bekanntesten Schauläufer in Deutschland wurde der 1857 geborene Fritz Käpernick. Seine Karriere begann, als ein anderer Schnellläufer 1876 jedem 300 Mark anbot, der ihn besiegen würde. Gefeiert vom Berliner Publikum, schaffte Käpernick das und erlief sich so in wenigen Stunden mehr Geld, als er in seinem Beruf als Maurer in zwei Monaten verdienen konnte. Nach einigen erfolgreichen Rennen wechselte er von der Maurerkelle zum Militärdienst und wurde quasi zum ersten Sportsoldaten.

Die „Illustrierte Zeitung" aus Leipzig berichtet aus dieser Zeit: „Da der Dauerlauf zu den militärischen Uebungen gehört, so gab das Offizierscorps dem schnellen Gre-

▲ Mit dieser Zeichnung warb ein Schauläufer für einen Schnelllauf.

nadier oft Veranlassung seine Kraft zu zeigen; es wurden Wetten gemacht, die Käpernick manches hübsche Sümmchen einbrachten. Selbstverständlich durfte seine Schnellauferei nicht mit der Strenge der Soldatenpflichten collidieren; als er in einem Wettkampf mit dem Engländer Mr. Freeman an 6 Tagen jeden Nachmittag von 2 bis 11 abends gerannt war, hatte er 270 englische Meilen (434 km in 54 Stunden), dazwischen Dienst gethan, 9 Pfund an Körpergewicht verloren, 1000 M (Mark) gewonnen und aus bestimmten Gründen – 3 Tage Militärarrest obenein bekommen."

Bei einem Sechs-Tage-Rennen in London schlug Käpernick die britische Konkurrenz mit angeblich 958 gelaufenen Kilometern. Regelmäßig war er schneller als Pferde, gegen die er zum Wettkampf antrat. Mehrere Jahre lang führten wohlorganisierte Tourneen Käpernick durch ganz Deutschland. 1882 stürzte er dann unglücklich bei einem seiner „Grenadier-Läufe". Das waren damals sehr beliebte Läufe mit militärischem Marschgepäck. Das Gewehr prallte so heftig gegen die Brust, dass es zu Lungenblutungen kam. Abrupt war die Läuferkarriere zu Ende.

▲ Der Berliner Schauläufer Fritz Käpernick war zu seiner Zeit eine echte Berühmtheit. Dieser Holzdruck aus dem Jahr 1881 zeigt ihn beim Wettlauf gegen ein Rennpferd im Leipziger Zoologischen Garten.

Laufen als Naturerlebnis und Liebhaberei

Am Ende des 18. Jahrhunderts bezogen die Philanthropen als Vertreter des aufstrebenden Bürgertums das Laufen als wichtigen Bestandteil in ihre intensive „Gymnastik" ein, die sie an ihren Internatsschulen vermittelten. Geprägt wurden sie durch die Ereignisse der Französischen Revolution von 1789, insbesondere durch die Verkündung der Menschenrechte. Dennoch waren sie keinesfalls staatsfeindlich gesinnt. So widmete GutsMuths sein 1817 erschienenes „Turnbuch für die Söhne des Vaterlandes" den „Fürsten und dem Volke des Deutschen Bundes". Statt Umsturz standen für die Philanthropen das bürgerliche Nützlichkeitsprinzip und die unmittelbare Lebensmeisterung im Vordergrund. Um das zu unterstützen, strebten sie nach einer naturgemäßen und vernünftigen Erziehung.

Der in Läuferkreisen heute Bekannteste der Philanthropen ist Johann Christoph Friedrich GutsMuths. Nach ihm ist der größte deutsche Geländelauf, der Rennsteiglauf in Thüringen, benannt. Der Humanist hat in seinem Gymnastiksystem wesentliche Anregungen für neuzeitliche Körperkultur gegeben und legte 1793 mit seiner „Gymnastik für die Jugend" das erste umfassende Lehrbuch für die körperliche Ausbildung der jungen Generation in deutscher Sprache vor. Denn eine sportliche Betätigung hielt er für dringend geboten. Auf der einen Seite sah er die Situation des Bürgertums: „Der verzärtelte Leib hat seine Kraft scheinbar abgegeben an den Geist; jener schmachtet, dieser schwelgt in Gelüsten." Die städtischen Bürger waren selten bereit, das zur Verweichlichung und Bequemlichkeit neigende Leben aufzugeben. An einen Jogging-Boom war zu jener Zeit auch deshalb nicht zu denken, weil der überwiegende Teil der Bevölkerung nicht zum privilegierten Bürgertum gehörte und die meisten Menschen in elenden Verhältnissen lebten.

Sie mussten ihren Lebensunterhalt durch harte körperliche Arbeit verdienen. GutsMuths selbst beschrieb diese soziale Situation 1793 so: „Die ärmsten Stände schicken ihre Kinder mit dem zehnten und zwölften Jahre schon in Arbeit, um ihr Brot zu verdienen. Hier verrichten sie oft die strafende Beschäftigung erwachsener Zuchthäusler. Dies ist entsetzlich! Und doch ist es wahr! Wir schonen des jungen Rosses, satteln und spannen es nicht zu früh; aber diese Jugend ist häufig unverschont von niederdrückender Arbeit."

GutsMuths hatte früh die positiven Auswirkungen eines regelmäßigen Trainings erkannt: „Einer der strengsten Übungen für den Körper ist das lange anhaltende Laufen. Es kommt aber alles nur darauf an, dass man allmählich zu Werke gehe, um den jungen Leuten Kraft in die Beine und Schenkel zu bringen, die nie durch Stillsitzen erlangt wird." (1793)

Als Friedrich Ludwig Jahn, heute als der „Turnvater" bekannt, 1811 den ersten öffentlichen Turnplatz eröffnete, bildeten die Gymnastikübungen von GutsMuths die Grundlage, mit denen die Vertreter des „vaterländischen Turnens" die Jugend fit für die nationale Erhebung gegen die napoleonische Besatzungsmacht machen wollten.

Die Turnbewegung

Das Laufen war in den Kanon der Übungen stets eingebettet. Friedrich Ludwig Jahn vertrat 1816 die Ansicht, dass „das Laufen mit Vorsicht getrieben eine besonders für die Brust und Lunge sehr heilsame Übung sei". Allerdings war das Laufen unter den Turnern keine begehrte Übung. Das lag daran, dass Laufen immer noch einen schlechten Ruf hatte. Als Folge der aufklärerischen Gedanken, die inzwischen immer mehr Anhänger gefunden hatten, wurde das Anstellen von Läufern durch den Adel als menschenverachtend und verschwenderisch abgestempelt. Dieses Negativ-Image färbte auch auf das Laufen im Allgemeinen ab. Zudem hielt sich immer noch hartnäckig das Vorurteil, Laufen mache schwindsüchtig.

**Die Leicht-
athletik setzt
sich durch**

Der Sportgedanke, das gegenseitige Kräftemessen, hatte
sich dagegen in England schon früh durchgesetzt. Individualität und der Wettgedanke prägten die sportlichen
Bemühungen. In den deutschen Turnvereinen standen
aber weiterhin so hehre Ziele wie Disziplin, Erziehung
und Gesundheit im Vordergrund. Die stockkonservative
deutsche Turnerschaft versuchte deshalb den „englischen
Unfug" zu verhindern. Doch liefen die jungen Leute den
Turnoberen scharenweise davon – hin zu neu gegrün-
deten Schwimm-, Rad-, Fußball- und eben auch Leicht-
athletik-Klubs.

Etwas ganz Entscheidendes hatte sich nämlich gegenüber den Jahren, in denen Friedrich Jahn die Turnbewegung aufgebaut hatte, verändert. Die Industrialisie-
rung hatte die alten Konzepte eines agrarisch orientierten
Alltagslebens überholt. Mechanisierung, Verstädterung
und Bevölkerungszuwachs sorgten für eine fundamen-
tale gesellschaftliche Umstrukturierung. Im Bürgertum
geriet die einst für vornehm erachtete körperliche Bequemlichkeit aus der Mode, stattdessen entstand das Bedürfnis nach sportlicher Betätigung. Die Leichtathletik,
die in den ersten Jahren vor allem ein Sport der Läufer
war, hatte enormen Zulauf. 1899 zählte man in Hannover
beispielsweise 18 Vereine für „Athletiksport", also Leichtathletik-Vereine, und zwölf reine Laufsportvereine.

Doch die Lebenswelt um die aufstrebende Sportart
Leichtathletik herum wurde nicht vom Bürgertum geprägt: Gegen Ende des 19. Jahrhunderts starben in den
Industriegebieten Deutschlands zwei Drittel aller Arbei-
terkinder noch vor dem 15. Geburtstag. Die Realität des
Arbeiteralltags waren 14 Stunden lange Arbeitstage, Kinderarbeit, katastrophale Wohn- und Lebensverhältnisse
sowie weit verbreiteter Alkoholismus.

Der Arbeiterschicht gehörten die meisten Vereinsmit-
glieder der Leichtathletik-Vereine jedenfalls nicht an. Für
die Vielzahl der körperlich hart arbeitenden Menschen
war aktives Sporttreiben überhaupt kein Thema. 1912
wurden von den westdeutschen Vereinen nur 237 Volks-
schüler, aber 3.217 Schüler der mittleren und höheren

Lehranstalten gemeldet. Obwohl die Leichtathletik also hauptsächlich von der Jugend des Bürgertums ausgeübt wurde, blieb die Anti-Haltung in der Gesellschaft gegen das wettkampfmäßig betriebene Laufen bestehen. Das führte dazu, dass die „leichte Athletik" selbst in den ersten Jahrzehnten des 20. Jahrhunderts von jungen, begeisterten Leuten heimlich oder unter falschem Namen betrieben wurde. Emil Bedarff, der 1922 als erster Deutscher über 10.000 m unter 32 Minuten blieb, schildert die Situation nach seinem Eintritt in das Ratinger Lehrerseminar 1911 mit den folgenden Worten: „Ich kollidierte mit der strengen Schulordnung an allen Ecken. Ich erregte den hellen Zorn und die unaustilgbare Abneigung meines geistlichen Lehrers wegen meiner Sportkleidung, die ja neben dem Leichtathletentrikot eine Hose hatte, nicht einmal bis zum Knie reichend. Ich war der Zankapfel meines Lehrerkollegiums, das doch teilweise dem Sport und meinen Erfolgen mehr Interesse und Verständnis entgegenbrachte. Um möglichst unauffällig zu wirken, erfanden Kameraden den Scheinnamen ‚Edar‘, das Training wurde

▲ Hindernisrennen waren in den frühen Jahren der Leichtathletik besonders beliebt.

auf die Landstraße Ratingen-Rath, nachts zwischen 10½ und 11½ Uhr gelegt. Treue Klassenkameraden riskierten mit mir die Folgen eines solch verwerflichen Tuns. Gelegenheit zum Starten war nie. Als ich zu den Westdeutschen Meisterschaften 1913 einen verbotenen Ausflug nach Essen ohne Erlaubnis unternahm und unter Herzklopfen den Kampfplatz erreichte, war mein 1.500-m-Lauf schon gewesen. Also versuchte ich den 3.000-m-Hindernislauf, der mir zwar die Westdeutsche Meisterschaft, aber auch wegen unerlaubter Benutzung von Transportmitteln einige Monate (!) Ausgangsentziehung einbrachte." Harte Sitten herrschten damals im Lehrerseminar.

Stafette mit über 100.000 Läufern

Um 1900 kamen Großstaffelläufe und Stern-Staffelläufe in Mode. Sie wurden zunächst vor allem von den Turnvereinen betrieben. Dabei wurden entsprechend dem turnerischen Geschichtsverständnis Stafetten zu vaterländischen Kundgebungen ausgeschickt. So liefen zur Einweihung des Leipziger Völkerschlachtdenkmals neun Staffeln über Strecken zwischen 467 km und 1.275 km. 40.000 Turner beteiligten sich daran. Sogar 137.000 Läufer und Schwimmer nahmen 1925 an der Stafette zum Hermannsdenkmal im Teutoburger Wald teil. Übrigens ist das monumentale Hermannsdenkmal noch heute ein beliebter Treffpunkt von Läufern. Einige Tausend rennen jedes Frühjahr die 31 km vom Denkmal bis nach Bielefeld.

Bei den turnerischen Staffeln stand der Leistungsgedanke bewusst im Hintergrund. Dagegen verfolgte der Vorsitzende des Verbandes der Berliner Athletik-Vereine, Carl Diem, eine andere Staffel-Idee: die Läufe sollten als sportliche Wettkämpfe ausgetragen werden. Der erste große Staffellauf war das Rennen Potsdam – Berlin. Die 25 km lange Distanz war in 500 m lange Abschnitte aufgeteilt. Das bedeutete, dass von jeder Mannschaft 50 Läufer benötigt wurden. Schon bei der Premiere 1908 traten sieben Teams an. Bis 1935 blieb Berlin-Potsdam das überragende sportliche Ereignis der Reichshauptstadt.

Das Berliner Beispiel in Sachen Großstaffeln machte Schule, und bald gab es in zahlreichen anderen deutschen Städten ebenfalls Staffel-Wettläufe. So starteten 1924 beim Staffellauf von Neuss nach Düsseldorf rund 5.000 Läufer. Das sind tausend Läufer mehr als der momentan zweitgrößte deutsche 10-km-Citylauf, der Düsseldorfer Kö-Lauf, 75 Jahre später an der Startlinie versammeln konnte.

▲ In den Jahren vor dem Ersten Weltkrieg stiegen die Teilnehmerzahlen bei den Waldläufen in Deutschland sprunghaft an.

Waldlauf:
Gelungene Synthese

Der erste deutsche Waldlauf wurde am 29. Juli 1900 im Berliner Vorort Hohenneuendorf über eine Strecke von 8,5 km gestartet. Gerade der Waldlauf dokumentiert – ähnlich wie die Großstaffelläufe – von Anfang an die in den Laufdisziplinen außerhalb des Stadions gelungene Synthese zwischen Leistungs- und Breitensport. Die Teilnehmerzahlen der deutschen Waldläufe stiegen in den letzten Jahren vor dem Ersten Weltkrieg stark an. Waren es beim Berliner Frühjahrswaldlauf 1906 nur 84 Wettkämpfer, so traten 1910 schon 800 an, 1912 gingen bereits 1.400 Läufer an den Start. Allerdings war diese Entwicklung zunächst hauptsächlich auf Berlin beschränkt.

Von der Seite der Trainer hatte das Waldlaufen keinen leichten Stand. Zwar wurde der Zugewinn an Ausdauer durch den Waldlauf erkannt, aber eine kräftige Einschränkung betont. Die Aussage des deutschen Reichssportlehrers Josef Waitzer von 1921 ist hierfür typisch: „Den Stil zu verbessern ist er (der Waldlauf) nicht geeignet, weil er je nach Art des Geländes häufig einen verkürzten, wenig zügigen Schritt erfordert."

▩ Alfred Shrubb:
Der Pionier

Erst 1912 wurden die Distanzen 5.000 m und 10.000 m ins olympische Programm aufgenommen. So konnte Alfred Shrubb, der große Pionier des modernen Langstreckenlaufes, auf seinen Spezialdistanzen keine Olympiamedaillen sammeln wie Nurmi zwei Jahrzehnte später. 1904 schickte Großbritannien überhaupt keine Mannschaft zu den Spielen im fernen St. Louis. Beides hat sicher seinen Anteil daran, dass der

◄ Der Engländer Shrubb (1878-1964) war einer der ganz großen Pioniere des modernen Langstreckenlaufes. Er gewann die ersten Internationalen Crossmeisterschaften 1903 und 1904 und stellte auf allen Distanzen zwischen zwei Meilen und dem Stundenlauf neue Weltrekorde auf.

Drei Weltrekorde in einem Rennen

am 12. Dezember 1878 geborene und in seiner Zeit alle anderen überragende Langstreckler heute zumindest in Europa recht unbekannt ist.

Zwischen 1903 und 1904 stellte der schmächtige Brite Shrubb für alle Wettkampfdistanzen zwischen zwei Meilen und dem Stundenlauf neue Weltrekorde auf. Darunter befand sich auch jener Rekord vom 5. November 1904, der über sieben lange Jahre Bestand haben sollte. Shrubb legte 31:02,4 Minuten über 10.000 m hin. Dabei stellte er diese Marke nur gleichsam im Vorbeilaufen auf. Denn sein Ziel war nicht die offiziell genommene Zwischenzeit über die damals noch wenig bedeutende 10.000-m-Strecke, sondern der Weltrekord über 10 Meilen. Die umgerechnet 16.093 m schaffte Shrubb in 50:40,6 Minuten – Weltrekord. „Verdutzt blickte ich, durchs Ziel gegangen, auf die wild gestikulierenden Zielrichter, die mich antrieben, weiterzulaufen. Jetzt begriff ich: Ich sollte auch dem Stundenweltrekord zuleibe gehen! Das bedeutete eine doppelte Anstrengung; denn es waren – nachdem ich mich bis zum äußersten angestrengt hatte – noch weitere 10 Minuten zu laufen. Ich schaffte ihn, wenn auch mit heftigen Seitenstichen: den Weltrekord von 17,738 Kilometer! Hätte ich im Ziel des 10-Meilenlaufes nicht etwa 25 Sekunden gezögert, so wäre dieser noch besser geworden." Mit diesen Worten berichtet Alfred Shrubb selbst von jenem denkwürdigen Tag in Glasgow. An seine bravouröse Leistung über die Stunde kam neun Jahre lang kein anderer Läufer heran.

Shrubb gewann die beiden ersten internationalen Crossmeisterschaften, die Vorläufer der Cross-Weltmeisterschaften. Als seine Reisekosten dem Britischen Leichtathletik-Verband zu hoch erschienen und er deshalb Ärger bekam, entschied er sich kurzerhand Berufsläufer zu werden. In den Folgejahren traf er auch auf Dorando Pietri. Der Italiener war bei den Olympischen Spielen 1908 im Marathonlauf wegen fremder Hilfe auf den letzten Metern vor dem erlösenden Zielstrich disqualifiziert worden (siehe Seite 98).

Gegen ihn startete er mehrmals genauso wie gegen John Hayes, der nach besagter Disqualifikation zum Olympiasieger erklärt worden war. Shrubb schlug sie beide. Stolz berichtete der laufbegeisterte Mann aus den Pioniertagen der Leichtathletik: „In über 200 Rennen blieb ich Sieger. Einmal verlor ich, einmal gewann ich ein Match mit einem Traberpferd über 10 Meilen. Die höchste Summe, die ich je in einem Rennen verdiente, waren 2.500 Dollar. Auf einigen Varieteebühnen gab ich Vorstellungen auf dem endlosen Band."

„Auf einigen Varieteebühnen gab ich Vorstellungen auf dem endlosen Band."

Nach seiner Karriere als Berufsläufer war er acht Jahre lang Sportlehrer an der Universität von Oxford und wanderte dann nach Kanada aus, wo er eine Getreidemühle betrieb. Im Rückblick auf seine sportliche Karriere urteilte er 1951: „Über das Geheimnis meines Sporterfolges vermag ich nichts weiter zu sagen, als dass ich bekömmliches Essen zu mir nahm wie es mir gefiel, und trotzdem in Rennkondition nie mehr als 54 kg (bei einer Größe von 1,69 m) gewogen habe. Etwa vier Stunden vor dem Rennen aß ich stets ein gutes Beefsteak und ruhte mich dann aus. Kurz vor dem Start lief ich eine Runde mit anschließendem Spurt, um meine Glieder aufzuwärmen. Allerdings trainierte ich immer sehr hart, um in Kondition zu bleiben."

Laufen für Ehre und Geld

In der griechischen Antike wurde bei den heiligen Spielen von Olympia, Korinth, Nemea und Delphi allein um die Ehre gekämpft. Aber daneben gab es bei den alten Griechen eine Vielzahl von gutbezahlten „Sport-Events". ARD-Kommentator Manfred Blödorn beschrieb das so: „Amateure – Sportler also, die sich ihre Auftritte und Leistungen nicht bezahlen lassen – waren in den Arenen der griechischen Antike (außer bei den heiligen Spielen) unbekannt. Athleten, die ständig trainieren, sich schinden und so auf manche Annehmlichkeiten des Lebens verzichten müssen, hatten einen nie in Frage gestellten Anspruch auf einen finanziellen Ausgleich für ihre sportlichen Mühen. Wer darauf verzichtete, so meinte selbst der Philosoph Aristoteles, sei ein Dummkopf. Das griechische Wort dafür lautet idiotos; Amateure wurden idiotai genannt."

Laufen als Sport für die Armen

In England fanden ab dem 17. Jahrhundert die adeligen Dienstherren Gefallen daran, die Schnelligkeit ihrer Boten zu vergleichen und auf deren Sieg Wetten abzuschließen. Als die Boten durch den Ausbau des Straßennetzes und den Einsatz von Kutschen allmählich arbeitslos wurden, traten einige von ihnen wie die arbeitslosen deutschen Boten als professionelle Wettläufer und Wettgeher auf. Allerdings waren die Wettkämpfe der „footrunners" auf die unteren Klassen der Gesellschaft beschränkt und wurden als „lower-class-sport" deklassiert. Geh- und Lauf-Wettbewerbe waren eben damals der Sport der Armen für die Armen – in England genauso wie in Deutschland.

Während die Berufsläufer buchstäblich um ihren Lebensunterhalt liefen, etablierte sich daneben das Laufen als Gentleman-Sport der Wohlhabenden. Von diesen Herren wurde 1863 der erste Leichtathletik-Club in London gegründet. Die Vornehmen hatten es allerdings zunächst nicht leicht, sich vom Wettlauf als Spektakel des einfachen Volkes abzuheben. Durch die Einführung des

„Amateurparagraphen" grenzten sie sich 1864 von der Kaste der Berufsläufer ab, denen immer der Hauch des Ordinären anhing. Bis 1880 waren vom Amateur Athletic Club, der die jährlichen Meisterschaften veranstaltete, sogar Handwerker und Arbeiter von den leichtathletischen Wettkämpfen ausgeschlossen. Die arbeitende Klasse würde sich durch die körperliche Beschäftigung einen Vorteil in der Sportausübung vor den Kopfarbeitern verschaffen, so lautete die Begründung der besseren Herrschaften. Unter solchen Bedingungen konnte es natürlich keine breite Laufbewegung geben. Die Leichtathletik blieb zunächst auf Universitäten und die Oberschicht der Gesellschaft beschränkt.

▲ Im Jahr 1920 gewann der Berufsläufer Adolf Eich über 20 km im Wettkampf gegen eine Berliner Straßenbahn.

Ausgrenzungen und Suspendierungen

55 Rennen in 141 Tagen

Nachdem sich die Leichtathletik in den ersten Jahrzehnten des 20. Jahrhunderts zu einer ernsthaften Sportart mit großen Zuschauerzahlen entwickelt hatte, gab es neben den erklärten Berufsläufern und den Amateuren eine Vielzahl von Schein-Amateuren. So schlug Paul Nettelbeck aus Berlin um 1908 alle Konkurrenten. Dafür wurde er allerdings auch vergleichsweise fürstlich entlohnt. Es wird berichtet, dass er 1909 für einen Marathonlauf 1.600 Goldmark als Siegespreis erhielt, was vier Monatsgehältern eines mittleren städtischen Beamten entsprach.

Regelmäßig wurden in den folgenden sieben Jahrzehnten Topläufer wegen Verstößen gegen die Amateurregeln für nationale und internationale Wettkämpfe gesperrt. Berühmt ist das Beispiel des großen Finnen, Paavo Nurmi. Der erfolgreichste Leichtathlet aller Zeiten, der die „goldenen 20er Jahre der Leichtathletik" beherrschte, lief bei einer Tournee, zwischen dem 6. Januar und 26. Mai 1925, erstaunliche 55 Rennen in 141 Tagen. Und dabei darf man nicht vergessen, dass er zwischen den Wettkämpfen auch noch zu den Austragungsorten reisen musste. Selbstverständlich startete Nurmi bei diesen vielen Rennen nicht nur für die Ehre Finnlands, sondern auch für den eigenen Geldbeutel. Das wurde ihm schließlich zum Verhängnis, obwohl so etwas durchaus gängige Praxis im internationalen Spitzensport dieser Jahre war.

Der Internationale Leichtathletik-Verband wollte an Nurmi ein Exempel statuieren. Der Vorsitzende Edström, steinreicher Direktor eines Elektro-Konzerns, beauftragte den wohlhabenden deutschen Bankangestellten Dr. Ritter von Halt, gegen Nurmi zu ermitteln. Natürlich schaffte es von Halt, eine von Nurmi unterschriebene Quittung aufzutreiben. Vor den Olympischen Spielen von Los Angeles 1932 suspendierte ihn das Internationale Olympische Komitee.

Der Ausschluss Nurmis verursachte nicht nur in Finnland einen riesigen Medienwirbel. Doch aller Protest half nichts, der Verband beschloss nur einen Tag vor Beginn der Olympischen Spiele von Los Angeles die „Lex

Nurmi": „Der Vorstand ist berechtigt, jeden Athleten, gleichviel welchem Verband er angehört, zeitweilig oder für immer zu disqualifizieren, falls er gegen die Amateurbestimmungen verstößt." Paavo Nurmi, einer der besten Läufer aller Zeiten, wurde aus sportpolitischen Gründen lebenslang gesperrt.

Die großen schwedischen Langstreckenläufer Gunder Hääg und Arne Andersson folgten Nurmi nicht nur darin, dass sie – wie Nurmi – den Weltrekord mehrmals verbesserten. Sie wurden nach dem Zweiten Weltkrieg ebenfalls wegen zu hoher Spesen suspendiert. Viele andere erlebten das gleiche Schicksal. Nicht gesperrt wurden jedoch die Leichtathleten, die von ihrem Land unterstützt wurden. Wer also als Soldat den ganzen Tag für sein Training freigestellt wurde und am Monatsende dafür seinen Lohn auf dem Konto vorfand, der war weiterhin „Amateur". Unter solchen Bedingungen war die bereits damals propagierte „Chancengleichheit" eine Farce.

▲ Unbestritten die Nummer 1 seiner Zeit: Paavo Nurmi. 1932 wurde er wegen Verstoßes gegen das Amateurstatut auf Lebenszeit disqualifiziert.

Lange klammerten sich die Leichtathletik-Funktionäre an die in den dreißiger Jahren einmal festgelegten Regeln. Erst seit den sechziger Jahren wurden die konservativen Amateurregeln allmählich aufgeweicht. 1981 hob das Internationale Olympische Komitee (IOC) offiziell das Startverbot für Berufssportler bei Olympischen Spielen auf. Bei dem Kongress in Baden-Baden entschied sich das IOC damit für Ehrlichkeit und dafür, dass auch wirklich die Besten der Welt bei Olympia starten können. Heute ist zwar die „Chancengleichheit" durch den Quasi-Profisport größer geworden, allerdings gibt es neue Ungleichheiten durch unterschiedliche soziale Bedingungen, medizinische Betreuung und Doping.

◼ Roger Bannister:
Der Mann, der den Durchbruch schaffte

Nicht jahrelange Leistungskonstanz, sondern ein einziger Lauf machte den jungen Mittelstreckler Roger Bannister „unsterblich". Sein großes Rennen fand am 6. Mai 1954 statt und ging über die in England klassische Distanz von einer Meile. Obwohl nur rund 1.500 Zuschauer das Geschehen auf der Laufbahn verfolgten, gehört dieser Tag zu den großen historischen Momenten der modernen Leichtathletik.

Schon in den vierziger Jahren, nachdem der Franzose Ladoumegue 1931 4:09,2 Minuten gelaufen war, tauchte in der Presse der Begriff von der Traummeile auf, der Meile unter vier Minuten. 20 Jahre später träumte vor allem die amerikanische Presse noch immer. Doch in der Realität gelang der Sprung unter diese markante Grenze nicht. Die Frage, ob jemals ein Mensch unter vier Minuten laufen könne, wurde immer wieder gestellt.

Die Traummeile begann mit einem Fehlstart

Der britische Student Roger Bannister hatte diese Frage für sich positiv beantwortet. Er hielt die Traummeile für möglich und sich selbst als einen der weltbesten Mittelstreckler dazu fähig. So bereitete er sich sorgsam und intensiv auf den Lauf der Läufe vor. Nächte vor dem entscheidenden Rennen träumte er immer wieder von dem großen Augenblick. Zum angesetzten Termin, am 6. Mai 1954, war es auf dem Sportplatz der Universität Oxford ungemütlich windig und die Aschenbahn zeigte sich schwer vom vorangegangen Regen. Doch jetzt ließ sich der entschlossene Bannister nicht mehr von seinem Plan abbringen, das schier Unmögliche zu versuchen. Zu allem Unglück begann der Meilenlauf auch noch mit einem Fehlstart. Der rotblonde Brite herrschte seine Mitläufer an: „Wir müssen rangehen, der Augenblick ist günstig." Denn der Wind legte gerade eine Pause ein. „Ich brüllte mehrmals während des Laufes zu Brasher und Chataway: schneller, schneller!" Die beiden sorg-

◀ Der Brite Bannister lief mit einem einzigen Rennen in die Unsterblichkeit: Als erster Mensch bewältigte er die Meile unter 4:00 Minuten, schaffte damit die Traummeile.

ten absprachegemäß für das nötige Tempo und die Deckung vor dem böigen Wind.

„Ich war fertig, ich hatte kein Tempogefühl, ich wusste nur, rennen, rennen, rennen." Allen Widrigkeiten zum Trotz erreichte Bannister das Ziel, die 1.609,34 Meter der Meile als erster Mensch unter 4:00 Minuten zu bewältigen. Nach 3:59,4 Minuten blieben die Uhren stehen. Bannister hatte es geschafft, fünfzehn Mal 100 m im Schnitt in 15 Sekunden zu laufen und auf den letzten 100 m noch unter dieser Zeit zu bleiben – eine unerhörte, eine unerwartete Zeit. Begeistert von diesem Erfolg gründete Bannister einen ganz exklusiven Klub. In ihn wurde aufgenommen, wer die Meile unter der Traumgrenze von vier Minuten lief. Jedem, der in den Klub der Unter-Vier-Minuten-Meiler einzog, schenkte der Neurologe Bannister eine schwarz gelbe Seidenkrawatte mit einem Wappen aus Gold und Silber.

Der Weltrekord hielt nur sechs Wochen

Doch die Zeiten änderten sich. Als die unüberwindbar scheinende, vor allem psychologische Grenze einmal durchbrochen war, dauerte es gerade mal sechs Wochen, bis Bannister seinen Platz als Weltrekordler bereits wieder räumen musste. Mit 3:58,0 Minuten nahm der Australier John Landy seinen Platz ein. Der lief also im gleichen Jahr 1954 schneller als Bannister, aber heute kennen seinen Namen nur noch wenige Experten. Er war eben nicht der Erste.

Mit den Jahren unterboten immer mehr Läufer die Traumgrenze. Zehn Jahre nach Bannisters Durchbruch gehörten bereits 43 Läufer dem Bannister-Klub an, inzwischen haben mehrere hundert die 4:00 Minuten über eine Meile geknackt. Allein im Jahr 2000 unterboten 26 Mittelstreckler die vier Minuten. Bannister trabte noch Jahrzehnte weiter, allerdings nicht mehr um Traummarken zu brechen, sondern um seine Fitness zu erhalten. ▧

So unterschiedlich kann Laufen sein (1)

Alle Farbfotos: Claus Dahms

Die Rekordspirale

„Vielfach glaubt man, dass beim Marathon die Grenze des sportlich Möglichen schon überschritten ist", schrieb Otto Bedarff 1928. Damals lag die Weltbestleistung über diese Straßenlauf-Distanz bei 2:29:01 Stunden, gehalten vom Amerikaner Albert Richard Michelsen. Diese Aussage zeigt, wie relativ die Qualität von Rekordleistungen ist, denn selbstverständlich wurde die Zeit bald unterboten, und heutzutage beginnt die Weltklasse im Marathon bei unter 2:10 Stunden über die 42,195 km. Als der Kenianer Yobes Ondieki 1993 als erster Mensch die 10.000 m unter 27 Minuten lief, da hielt man eine weitere Verbesserung um ein paar Sekunden durchaus für möglich. Doch die Zeit-Regionen, in die der äthiopische Superläufer Haile Gebreselassie dann vorpreschte, konnte sich keiner vorstellen. Heute stehen wir staunend vor jenen 26:22,75 Minuten, die ein wie entfesselt laufender Gebreselassie 1998 vorlegte. Viele glauben, dass das Zurücklegen von 25 Runden auf der Bahn einfach nicht noch schneller möglich ist…

▲ Er hat allen Grund zu lachen: Haile Gebreselassie ist der erfolgreichste 10.000-m-Läufer des letzten Jahrzehnts.

Die Rekordvoraussetzungen

Für das Entstehen von Rekorden im Laufbereich mussten drei Voraussetzungen gegeben sein.

Zunächst einmal mussten die Menschen eine Vorstellung von Zeit entwickeln. Die Uhr ist für uns heute die normalste Sache der Welt. Das war längst nicht immer so. Im 18. und in der ersten Hälfte des 19. Jahrhunderts konnte das Publikum mit einer zurückgelegten Wegstrecke etwas anfangen, staunte über den Läufer, der die Strecke von einem Punkt zum anderen lief. Die Zeit wurde eher als unwichtig angesehen. Eine Zeitmessung wäre in vielen Fällen durchaus möglich gewesen, doch sie lag nicht im Wettkampfinteresse. Um den Faktor Zeit zu betonen, führten die Schauläufer des 19. Jahrhunderts bei ihren Vorführungen oft eine große Uhr mit sich.

Noch in den Anfangsjahren der Leichtathletik in England stand die Wettlust im Vordergrund. Doch parallel dazu setzte sich allmählich der Messgedanke und das Re-

*Seit 1731 sind
Stoppuhren
gebräuchlich*

kordprinzip durch. Das „Match against time", das Rennen gegen die Zeit, entstand.

Zweitens musste ein Instrument erfunden werden, um die Zeit genau messen zu können. Stoppuhren waren im Pferdesport in England schon seit 1731 gebräuchlich. Sie waren also deutlich vor der Phase entwickelt worden, in der Zeitmessung und Rekorde im Laufsport in Mode kamen. Da die Uhren aber noch sehr teuer waren, wurden sie bei Wettkämpfen nur vereinzelt eingesetzt.

Interessant ist, dass bereits bei den Olympischen Spielen 1912 in Stockholm eine elektrische Zeitmessanlage eingesetzt wurde. Die Uhren der Kampfrichter waren mit der Startpistole zu einem Stromkreis verbunden. Der Startschuss setzte die Stoppuhren über einen Elektromagneten automatisch in Gang.

Als dritte Voraussetzung war eine Instanz notwendig, die die Leistung anerkennt. Die wurde mit der Schaffung der nationalen und internationalen Leichtathletik-Verbände erfüllt. Die hatten und haben unter anderem die Funktion, die Rekorde in ihrem Geltungsbereich anzuerkennen – oder auch nicht. Vor allem in den Anfangsjahren enthielten die offiziellen Listen nicht unbedingt die besten Leistungen. So beginnt die Weltrekordentwicklung des internationalen Leichtathletik-Verbandes über die Meile in der offiziellen Liste mit den 1913 erzielten 4:14,4 Minuten von John Paul Jones. Doch bereits 1886 war der Brite Walter George mit 4:12,8 Minuten gestoppt worden. Diese Zeit wurde aber nicht gewertet – schließlich war George Berufsläufer.

Auch manche kleinkarierte Bestimmung verhinderte, dass eine erbrachte Leistung auch wirklich in den Rekordlisten auftauchte. So mussten in den ersten Jahrzehnten des 20. Jahrhunderts für die Anerkennung eines deutschen Rekordes nicht nur drei Kampfrichter die Zeit nehmen, sondern einer der Kampfrichter hatte Deutscher zu sein. Wurde bei einem großen internationalen Sportfest ein „deutscher Rekord" gelaufen und kein deutscher Kampfrichter war dabei, so war der Rekord „für die Katz": Er wurde nicht anerkannt!

Als es dann zwischen 1949 und 1990 zwei deutsche Staaten gab, wurden zwei völlig unterschiedliche „deutsche Rekordlisten" geführt. 1963 beispielsweise waren die 28:37,0 Minuten über 10.000 m von Hans Grodotzki deutscher Rekord – anerkannt vom Deutschen Verband für Leichtathletik (DVfL) der DDR. Die 29:15,4 Minuten von Peter Kubiki waren gleichzeitig als deutscher Rekord anerkannt – vom Deutschen Leichtathletik-Verband (DLV) der BRD. Erst als sich die beiden Verbände am 24. November 1990 zusammenschlossen, wurde die jeweils bessere Leistung in jeder Disziplin zum deutschen Rekord erklärt.

Das Streben nach Rekorden begann in England. Denn während in Deutschland die Ideen von GutsMuths und Turnvater Jahn das gemeinsame Sporttreiben nahelegten, stand auf der Insel der Wettbewerb, die Auseinandersetzung im Vordergrund. Die Devise war klar: ohne Gegner, ohne Kampf, ohne sportlichen Widersacher kein Sport. So wurden die ersten schriftlich festgehaltenen Rekorde in England erzielt. 1777 lief J. Headley in Yorkshire zwei Meilen (3.218 m) in 9:45 Minuten, der Profi Evans schaffte 1778 die 10 Meilen (16.093 m) in 55:18 Minuten.

Rekordhatz

Im großen Stil setzte das Aufstellen von Rekorden in der zweiten Hälfte des 19. Jahrhunderts ein. Eine regelrechte Rekordhatz entwickelte sich in den USA und England im Sechstagelauf zwischen 1878 und 1890. Die ultralange Laufdisziplin, bei der innerhalb von sechs Tagen so viele Kilometer wie möglich zurückgelegt werden, war damals recht beliebt. Mehrmals wurde der Weltrekord verbessert, und allein die Ankündigung eines Rekordversuches brachte die Zuschauermassen in die Hallen.

George Littlewood schraubte den Rekord im Sechstagelauf 1888 auf beeindruckende 1.003 km. Doch diese überragende Bestmarke erwies sich als verhängnisvoll für das Sechstagelaufen. Es war nicht vorstellbar, das ein Mensch noch mehr Kilometer in sechs Werktagen zurücklegen kann. So blieben die Zuschauer bald aus. Das Sechstagelaufen entschwand aus dem Bewusstsein

Der Jahrhundertrekord: 1.003 km in sechs Tagen

der Sportbegeisterten und führt seitdem ein seltenes und selbst in der Insider-Szene der Ultraläufer nur wenig beachtetes Exoten-Dasein. Sechs Tage hintereinander lief Littlewood bei seinem Weltrekord im Sechstagelauf im Schnitt 167 km! Das war ein Jahrhundertrekord, fast einer für die Ewigkeit. Erst 1988, ein volles Jahrhundert nach Littlewoods Ausnahmeleistung, bewältigte der Grieche Yiannis Kouros innerhalb von sechs Tagen und Nächten insgesamt 25 km mehr und kam auf 1.028,37 km.

Der Reiz des Rekords

Wie schon bei den frühen Sechstageläufen hat während des ganzen darauf folgenden Leichtathletik-Jahrhunderts die Aufstellung eines Rekords Sportler und Zuschauer besonders fasziniert und elektrisiert. Welch einen Reiz die Aufstellung eines Rekords auf einen Läufer ausübt, schilderte Stephane Franke, der zweifache Europameisterschafts-Dritte über 10.000 m, in einem Rückblick am Ende seiner Läuferkarriere im Dezember 2000 recht eindrucksvoll. Hierbei wird auch klar, dass der Sport und die Faszination des Rekordversuches im Mittelpunkt steht und nicht das Geld. Denn es handelt sich um einen Weltrekordversuch über 25 km auf der Bahn. Mit der Verbesserung auf einer solchen Distanz verdient man kein Geld. Aber man wird im gewissen Sinne „unsterblich", wenn man es schafft, in die Rekordlisten vorzudringen.

Stephane Franke beschreibt das von ihm sorgsam vorbereitete Unternehmen Weltrekordversuch so: „1999 nahm ich somit als Zwischenstation und auch als Gelegenheit, einen meiner Träume als Sportler zu realisieren, der da hieß: Einmal Weltrekord laufen ... Jeder Leichtathlet stimmt mir sicherlich zu, dass die 5.000 m und 10.000 m Weltrekorde für uns deutsche Läufer jenseits von Gut und Böse liegen. So hatte ich schon etwas länger ein Auge auf den 25-km-Weltrekord aus dem Jahre 1981 geworfen und gehofft, dass mir nicht vielleicht mein Freund Haile oder aber Paul Tergat zuvorkommen würden.

Wie bitter war es dann für mich, 1,6 Sekunden am 25-km-Weltrekord vorbeizulaufen. Auch die vielen Helfer von

◄ Tegla Loroupe auf dem Weg zu ihrem Marathon-Weltrekord 1998 in Rotterdam. Begleitet wird sie von zwei persönlichen Hasen, die ihr den Weg frei- und den Wind abhalten sollen.

meiner damaligen Uni, die dieses Rennen in Walnut bei Los Angeles für mich vorbereitet hatten, fühlten mit mir. Ich hätte nie gedacht, dass 75 Runden auf der Bahn so weh tun können und bin stolz darauf, nun den 25 km Europarekord und den Deutschen Rekord über 30 km zu halten."

Weltrekord-Rekordler ist der Finne Paavo Nurmi. Der große Schweiger, wie er respektvoll genannt wurde, markierte 14 offizielle Weltrekorde zwischen 1921 und 1931 auf Strecken, die noch heute anerkannt sind. Dazu müssen weitere acht Rekorde addiert werden. Sie wurden auf Distanzen aufgestellt, die damals üblich waren, heute aber nicht mehr in der offiziellen Weltrekordliste geführt werden. „Sowie neun weitere, die nie bestätigt wurden", fordert der renommierte Leichtathletik-Experte Peter Matthews. Damit wären wir dann bei der heute kaum vorstellbaren Zahl von 29 Weltrekorden.

Weltrekord-Rekordler: Paavo Nurmi

Ende 1928 hielt er alle zwölf damals geführten Weltrekorde zwischen 1 Meile und 1 Stunde!

Straßenlauf-Probleme

Eine Laufbahnrunde im Stadion beträgt 400 m, Fehler können bei längeren Strecken nur durch falsche Rundenzählerei der Wettkampfrichter entstehen. Bei Straßenläufen war dagegen lange Zeit die Streckenvermessung ein Problem bei der Rekordanerkennung. Immer wieder gab es Rennen, die sich im Nachhinein als zu kurz erwiesen. Diese Zeiten sind jedoch weitgehend vorbei. Mit den heutigen Vermessungstechniken und -vorschriften ist jede Wettkampfstrecke auf der Straße genau festzulegen. Es wird immer der kürzeste Streckenverlauf vermessen, mögliche Abkürzungen müssen mit einem Band abgesperrt werden. Bei den großen City-Marathons ist meist in blau die Ideallinie markiert.

Doch trotz High-Tech und Computer kommen auch heute noch Fehler vor. Selbst die hochrangigsten Ereignisse, die die Leichtathletik zu bieten hat, enden manchmal chaotisch: Bei den Weltmeisterschaften 1995 in Göteborg ließen die Kampfrichter die Marathonläuferinnen im Stadion glatt eine Runde zu wenig laufen. Ein millionenfaches Publikum erlebte das via Fernsehbildschirm mit. Peinlich für die Kampfrichter, ärgerlich für die Läuferinnen. Denn all die hervorragenden Zeiten konnten in keiner Bestenliste Eingang finden.

Straßenlauf-Rekorde heißen offiziell Bestleistungen

Die nationalen und internationalen Verbände haben aus den Problemen mit der Streckenvermessung ihre eigenen Schlüsse gezogen. Auf den Straßenlauf-Distanzen aufgestellte Rekorde werden nicht Rekorde genannt, sondern heißen offiziell Bestleistungen. Vor Jahrzehnten war das sicher richtig, heute ist das ungerechtfertigt. Denn jeder Kurs lässt sich exakt vermessen. Und auch auf der Bahn herrschen nicht immer gleiche Bedingungen. So ziehen Sprinter und Springer bei Rekordversuchen die für sie vorteilhaftere dünne Höhenluft vor, und Diskuswerfer bevorzugen die Stadien mit sogenannten „Segelwiesen", in denen die Windverhältnisse ihnen große Vorteile bringen.

Fit für Volk und Vaterland?

Selten war das Sporttreiben ein zweckfreies, zeitloses
Spiel. Fast immer steckte mehr dahinter. Die Kräftigung
und Gesunderhaltung des Körpers für die Arbeit oder für
die Vaterlandsverteidigung spielte in den letzten beiden
Jahrhunderten stets eine wichtige Rolle.

Schon der Philanthrop GutsMuths hatte seine syste-
matischen Sportübungen nicht nur um des Sportes wil-
len gemacht. Im 1817 erschienenen „Turnbuch für die
Söhne des Vaterlandes" stellte er gleich im Vorwort klar:
„Der Grundgedanke dieses Buchs geht auf Vorbereitung
des Vaterlandsvertheidigers" und forderte im folgenden
eine „Turnkunst, welche in Gestalt und Gehalt der Aufgaben immer den besonderen Zweck des künftigen Verthei-
digers festhält und dadurch zu einer Vorschule der rein
kriegerischen Aufgaben wird".

„Eins möchte ich Ihnen noch ans Herz legen, meine
Herren. Wir können darin von den Engländern lernen.
Machen Sie mit Ihren Leuten recht viele Laufspiele", mit
diesen Worten verabschiedete der deutsche Kaiser Wilhelm II das Expeditionschor zur Niederwerfung des Bo-
xer-Aufstandes am 27. Juli 1900 in Richtung China. Der
Kaiser hatte erkannt, wie wichtig die körperliche Fitness
für seine Soldaten war. Dessen Einschätzung unterscheidet sich übrigens wenig von den Verlautbarungen zeit-
genössischer Militärs. In der Broschüre „Sport" schreibt
das Bundesministerium der Verteidigung: „Den besonderen körperlichen Anforderungen – etwa (...) im Aus-
landseinsatz (Bosnien) – können unsere Soldaten nur mit
einer gut trainierten Grundkonstitution gerecht werden."
Das wurde gedruckt knapp 100 Jahre nach den Äußerungen Kaiser Wilhelms II und nur kurze Zeit, bevor wieder
deutsche Soldaten in einen Krieg auf fremdem Territo-
rium aufbrachen, den Kosovo-Krieg.

Die vor dem Ersten Weltkrieg führende Sportzeit-
schrift „Sport im Bild" titelte in der Nummer 33 von
1914: „Sportsleute in den Krieg!" und hob die „besonde-

„Machen Sie mit Ihren Leuten recht viele Laufspiele"

ren Qualitäten (des Sportlers), die dem Krieger von Nutzen sind" hervor. Die Sportler, auch die Läufer folgten mehr oder weniger willig.

Den nationalistischen Geist im Sport bekamen in den dreißiger Jahren vor allem jüdische Sportler in Deutschland zu spüren. Sie wurden aus vielen Vereinen ausgeschlossen und nicht mehr zu Meisterschaften zugelassen. Die meisten schlossen sich den mitgliederstarken jüdischen Vereinen an, die in dem Weltsportverband Makkabi organisiert waren. Der bekannteste Makkabi-Läufer war Elu (eigentlich: Elias) Katz. Elu Katz war Finne und 1924 Silbermedailliengewinner über 3.000 m Hindernis bei der Olympiade 1924 in Paris. 1925 kam er aus beruflichen Gründen nach Berlin und trainierte dort beim J.T.V. Bar Kochba. Katz emigrierte 1933 nach Palästina.

Kurz vor dem Zweiten Weltkrieg wurde der Leichtathletik-Länderkampf gegen Belgien am 26. August 1939 in Krefeld wegen des Eintreffens der Gestellungsbefehle für die deutschen Teilnehmer abgebrochen. „Krieg? Wieso das?" soll der frischgebackene 800-m-Weltrekordler

► *Fortsetzung auf S. 43*

▼ Otto Peltzer (links) wartet auf den Startschuss. 1.500 m später hatte er den Weltrekord über 1.500 m auf 3:51,0 Minuten verbessert. Im geschlagenen Feld (von links) Paavo Nurmi, Edvin Wide und Herbert Böcher. 1942 steckten die Nazis den Nonkonformisten Peltzer ins KZ.

■ Otto Peltzer:
Er taugte nicht zum Nationalhelden

Am 11. September 1926 überraschte Otto Peltzer die Fachwelt, sich selbst und 30.000 begeisterte Zuschauer auf dem alten Sportplatz am Berliner Funkturm, als er über 1.500 m die beiden weltbesten Läufer seiner Zeit hinter sich ließ. Um den Schweden Edwin Wide und den finnischen „Wunderläufer" Paavo Nurmi zu schlagen, musste der Außenseiter in 3:51,0 Minuten Weltrekord laufen. Seine eigene Bestzeit verbesserte der damals 26-jährige Kämpfer auf einen Schlag um 7,6 Sekunden. „Die Zuschauer sind von diesem Ereignis so tief erschüttert, dass vielen die Tränen in die Augen kommen. Stehend wird die Nationalhymne angestimmt", berichtete ein Augenzeuge.

Peltzer hätte mit diesem sensationellen Rennen endgültig zum deutschen Nationalhelden aufsteigen können. Doch der Läufer, der am Ende seiner Karriere sechs Weltrekorde aufgestellt und 13 deutsche Meistertitel errungen hatte, behielt stets seinen eigenen Kopf. Opportunismus war einem Läufer fremd, der den Beinamen „Der Seltsame" verpasst bekam, weil er sich in vielen Dingen nicht anpassen wollte.

„Der Seltsame"

Neben dem Laufen arbeitete der Mittelstreckler als Trainer, als Autor von Leichtathletik-Fachbüchern und Erzieher. „Es kommt darauf an, einen Menschen so selbstständig, tatkräftig und aktiv werden zu lassen, dass er schon in der Jugend daran gewöhnt, sich sein Leben selbst zu gestalten, später auch als Erwachsener seinem Dasein Sinn und Inhalt zu geben vermag." Mit diesen Worten fasste Otto Peltzer die Motivation zusammen, die ihn dazu brachte, wenige Monate nach seinem Weltrekord als Lehrer in die Freie Schulgemeinde Wickersdorf zu gehen.

Mit einer solchen Einstellung kam man in den Jahren vor dem Zweiten Weltkrieg auch als Weltklasse-Sportler und vielfacher deutscher Meister nicht weit. Otto Peltzer landete 1942 wegen seiner angeblichen

Homosexualität im Konzentrationslager Mauthausen, wo ihm nach drei Monaten die Entlassung versprochen worden war. Peltzer erinnert sich: „Endlich waren die drei Monate vorüber. Aber Häftlinge, die schon mehrere Jahre im Lager verbracht hatten und durch Vorzugsstellungen bei leidlicher Gesundheit waren, sagten mir, dass sie bisher noch niemals die Entlassung eines Mauthausener Häftlings erlebt hätten. Hierher kämen nur diejenigen, die niemals wieder das Licht der Freiheit erblicken sollten. Der Kommandant hatte mich zu sich gerufen und angeschnauzt: ‚Was, Sie leben noch? Die drei Monate sind doch längst herum. Sie scheinen sehr zäh zu sein. Ab morgen bekommen Sie eine schwere Arbeit.' Und tatsächlich musste ich mit hinunter in den gefürchteten Steinbruch, um dort mit einer stumpfen Hacke die Felswand zum Sprengen freizulegen und nach der Sprengung das Geröllmaterial zu verladen."

Der zähe Otto Peltzer überlebte das Konzentrationslager. Aber eigenwillige Lehrmeister standen auch in der Nachkriegszeit in beiden deutschen Staaten nicht allzu hoch in Kurs. In der ganzen Welt gab Peltzer sein Leichtathletik-Wissen weiter. Doch selbst dabei legte man ihm ständig Steine in den Weg. So warnte das Auswärtige Amt die deutschen Botschaften, Peltzer bei seiner Suche nach Trainerverträgen zu unterstützen.

Ironie der Geschichte: Geschrieben hat den Verfassungsschutzbericht, der dieser Warnung zugrunde lag, niemand anderes als Carl Diem. Immerhin: Der 100. Geburtstag von Peltzer wurde im Jahr 2000 vom Deutschen Leichtathletik-Verband ganz offiziell gefeiert, eine Otto-Peltzer-Medaille gestiftet. Einige Monate später benannte der DLV auf dem Verbandstag seine bis dahin höchste Auszeichnung, den Carl-Diem-Schild, in DLV-Ehrenschild um.

Rudolf Harbig erstaunt gesagt haben, „gestern bin ich noch gegen Belgier gelaufen, am vorigen Sonntag mit den Engländern, und nun auf einmal... Warum das alles?" Sein Traum, 1940 in Helsinki um olympisches Gold zu kämpfen, war dahin. Doch nicht nur das. Am 5. März 1944 fiel er als Oberfeldwebel in der Ukraine.

Die Männer, die als Funktionäre dem organisierten Laufen vorstanden, stemmten sich nicht gegen die nationalen Gedanken, die das 20. Jahrhundert prägten. Und während die Namen der Spitzenläufer wechselten, blieben die Personen an der Spitze der Verbände über Jahrzehnte die gleichen. Carl Diem bemühte sich als Vorsitzender des damaligen Leichtathletik-Verbandes im Jahrbuch von 1909 festzulegen: „Wir dienen einer nationalen, einer deutsch-völkischen Sache." Von da aus war es kein weiter Weg zu den rassistischen Aussagen der Sportführung nach 1933. Die Umstellung auf die neue politische Ordnung der Nationalsozialisten war für die Männer und die wenigen Frauen, die der Leichtathletik dienten, kein Problem.

▲ Fiel 1944 im Weltkrieg: Weltrekordläufer Rudolf Harbig.

Das endete 34 Jahre nach Diems oben zitierten Ausspruch in einer völlig veränderten Zielsetzung für die Leichtathletik: „Der Mann wehrtüchtig, die Frau gebärtüchtig" – mit dieser programmatischen Formel zitiert der Journalist Hajo Bernett Carl Diem, der mehr als die Hälfte des 20. Jahrhunderts als bedeutendster deutscher Sportfunktionär geprägt hat. Damit umriss er den Sinn, der der Leichtathletik 1943 einzig noch geblieben war. Schließlich musste alles, auch der Sport, auch das Laufen, dem einen Ziel, dem Endsieg untergeordnet werden. Viele Läufer standen an der Front, aber nicht alle. Um dem Volk einen Hauch von Normalität mitten im Weltkrieg vorzugaukeln, wurden sogar 1943 Deutsche Meisterschaften ausgetragen. Max Syring wurde in 14:57,8 Minuten Titelträger über die 5.000-m-Distanz.

Nach dem Zweiten Weltkrieg prägte die große Ost-West-Auseinandersetzung, der Kalte Krieg, das Ringen um das „bessere System", auch den Sport. Das nahm zuweilen groteske Formen an, wenn beispielsweise das (west-)deutsche Fernsehen noch 1966 (!) den Ton bei der Übertragung der Leichtathletik-Europameisterschaft abschaltete, wenn zur Siegerehrung die DDR-Hymne erklang.

Doch es gab auch Läufer, die sportliche Fairness über den Kampf der Systeme stellten. Der Philosoph Prof. Dr. Walter Jens schilderte in seiner Rede zum 100. Geburtstag des DLV einen solchen Fall: „Und dann der ungarische Sportler, ein Partizipant im sogenannten ‚sozialistischen Block‘, der sich weigerte, die Goldmedaille anstelle eines vermeintlich unfairen Sportlers aus der ‚freien Welt‘ in Empfang zu nehmen: Melbourne 1956, 3.000 m Hindernislauf – der Sieger, Chris Brasher aus Cambridge, soll einen Gegner an der letzten Hürde behindert haben. Welch eine Gelegenheit für die nachfolgenden Läufer, Medaillen-Ruhm zu gewinnen, und das im Kalten Krieg! Der Kapitalist disqualifiziert, der Kommunist auf Rang 1! ‚Nicht mit mir‘, sagte der Ungar (…) ‚I wasn't in the same class as Brasher this afternoon.‘ Und der Sportler aus der DDR, der, wenn die Disqualifikation des Siegers rückgängig gemacht worden wäre, als Vierter keine Medaille gewonnen hätte, fügte hinzu: ‚If you try to give a Bronce Medal to me at the Victory Ceremony, I will give it back to the distinguished gentleman, who hands it out.‘"

Chris Brasher, der die Goldmedaille über 3.000-m-Hindernis schließlich erhielt, gründete später den London-Marathon. Zweiter mit 2,4 Sekunden Rückstand wurde der Ungar Sandor Rozsnyoi. Ohne Medaille blieb als Vierter Heinz Laufer. Nur in einem irrte der sportbegeisterte Philosoph: Laufer lebte in der Bundesrepublik.

Laufen mit Gewehr

Ab 1905 entwickelte sich in Deutschland die leichtathletische Disziplin des Gepäckmarsches. In feldmarschmäßiger Ausrüstung eines Infanteristen – Tornister, Brotbeutel, Feldflasche und Spaten, Seitengewehr und Koppel mit Patronentaschen – wurden Strecken meist zwischen 25 km und 50 km zurückgelegt. Im Jahr 1912 war in Deutschland eine regelrechte Gepäckmarschwelle festzustellen, an vielen Orten wurden Wettkämpfe veranstaltet. Aber diese Verbindung von Wettkampf und militärischer

Übung war nicht auf Deutschland beschränkt. So schrieb die französische Zeitung „Le Matin" schon 1904 einen Gepäckmarsch über 50 km aus. Angelockt auch von vielen Preisen starteten 2.000 Männer am Place de la Concorde. Eine halbe Million Zuschauer soll sie angefeuert haben, der Sieger war nach 5:20 Stunden im Ziel.

Seit dem Ende des Zweiten Weltkrieges gibt es eine solche besonders enge Verbindung zwischen Militär und Laufen nur noch in der Schweiz. Hier gilt der sogenannte Waffenlauf heute immer noch als eine „normale" Laufdisziplin. Wenn im Alpenland gleich mehrere hundert Läufer im Tarnanzug durch die Landschaft traben, so ist das nichts außergewöhnliches. Denn die Wettkampfszene auf diesem Gebiet ist zwar in den letzten Jahren kleiner geworden, aber immer noch sehr rege. Auf dem Rücken tragen die Schweizer einen Rucksack, aus dem ein Gewehr ragt. 7,5 kg schwer muss dieser zusätzliche Ballast sein. Inzwischen dürfen die Waffenläufer zur Uniform aber Laufschuhe tragen.

Anders als beim Biathlon wird beim Waffenlauf das Gewehr nicht benutzt, sondern nur mitgetragen. Wer

▲ Der Sieger eines Gepäckmarsches läuft ins Ziel im Deutschen Stadion in Berlin.

hier ganz vorne mitmischen will, der muß schon mächtig in Form sein. So gehörte Albrecht Moser, der in den achtziger Jahren die Waffenlauf-Szene dominierte, 1972 in München der Olympiamannschaft als 10.000-m-Läufer an. Doch die Blütezeit der militärischen Laufdisziplin ist längst überschritten. Die Teilnehmerzahlen an den vielen Bergläufen in den Schweizer Alpen sind inzwischen um vieles höher als die bei den Waffenläufen.

Tempoläufe und Gymnastik statt Laufen mit Gewehr

Militärspezifisches Laufen ist zwar heute die Ausnahme, für Leistungssportler war das Militär jedoch in den letzten Jahrzehnten immer wichtig. Die Bundeswehr bietet Sportfördergruppen, in denen jüngere Läufer den militärischen Alltag mit Training verbringen können. Laufen mit dem Gewehr steht nach der Grundausbildung nur selten auf dem Programm, statt dessen Tempoläufe und Gymnastik. Wer die Leistungsvoraussetzungen für die Sportfördergruppe erbringt und sich entschließt, auf diese Weise bezahlt seinen Leistungssport zu betreiben, der muss sich allerdings auch darüber klar sein, was im Gegenzug erwartet wird: ein klares Bekenntnis zu seinem Brötchengeber. Hans-Jürgen Orthmann, der Zweite der Cross-Weltmeisterschaften 1980, tat das nicht. Bei einem wichtigen internationalen Wettkampf trug er nicht das Nationaltrikot, sondern lief in einem T-Shirt, bedruckt mit einem großen Peace-Zeichen und der Aufschrift „Make love – not war". Solche Aktionen provozierten die Militärs. Dem eigenwilligen Weltklasseläufer wurden während seiner Dienstzeit mehrmals die Vergünstigungen als Sportsoldat entzogen.

Laufen und Revolte

Läufer waren immer Individualisten. Und man könnte annehmen, dass die langen einsamen Trainingsläufe den kritischen Geist schärfen. Doch trotz Arbeitersportbewegung ist die Zahl der Läufer, die laut nach gesellschaftlichen Veränderungen gerufen haben oder gar revolutionäre Träume verwirklichen wollten, äußerst gering. Sporthistorisch am bedeutendsten war sicher die Black-Power-Demonstration der US-amerikanischen Kurzstrecken-Läufer während der Olympiade 1968 in Mexiko, als John Carlos, Tommie Smith und viele andere schwarze Sportler die weltweiten Medien nutzten, um auf den Rassismus in den USA hinzuweisen. Ihre Unterstützung des militanten Befreiungskampfes der Black Panther hatte lebenslanges Startverbot zur Folge. Schwarze Mittel- und Langstreckler gab es in der US-Olympiamannschaft nicht. Tommie Smith erklärte diesen Fakt in einem Interview Ende der neunziger Jahre, dass in den USA der Langstreckenlauf im Hochleistungssport – mit Ausnahmen – schon immer ein Mittelklassephänomen gewesen sei.

▲ Demonstration für die Black Panther: Tommie Smith (Mitte) und John Carlos bei der Olympiade 1968.

Beispielhaft für das Eintreten von Menschenrechten ist das Engagement von Emil Zatopek, als er sich den sowjetischen Invasoren beim Prager Frühling 1968 entgegenstellte. Der vierfache Olympiasieger unterzeichnete das „Manifest der 2.000 Worte", das zur Demokratisierung des Landes aufrief. Der Offizier der Armee kletterte in Uniform auf einen Panzer und forderte die Sowjetsoldaten zur Umkehr auf. Für dieses Engagement wurde der bis dahin protegierte Star degradiert und in einem Bohrtrupp zur Zwangsarbeit geschickt.

Die 68er-Bewegung und die sozialen Bewegungen der siebziger Jahre machten sich in der westdeutschen Läuferszene nur vereinzelt und individuell bemerkbar. Die prinzipielle Infragestellung des Leistungssports führte eher dazu, dass viele junge talentierte Läufer ihre Schuhe an den Nagel hingen. Erst 1981 meldeten sich auch Läufer deutlich vernehmbar als Gruppe mit politischen Aussagen zu Wort. In der Initiative „Sportler für den Frieden" protestierten sie gegen die damalige Aufrüstung. Eine kleine Zahl „Läufer gegen Atomkraft" engagierte sich in den folgenden Jahren politisch.

▲ Aktivist im Prager Frühling: Emil Zatopek.

48

Doping

Die Zeiten haben sich geändert, die Methoden wurden ausgeklügelter und wirkungsvoller, aber die grundsätzliche Problemstellung beim Thema Doping blieb in den letzen 100 Jahren die gleiche. So schrieb der Arzt und Leichtathletik-Trainer Brustmann in seinem Olympischen Trainerbuch vor mehr als 80 Jahren: „Die Frage, ob es nicht Mittel gäbe, die körperliche Leistungsfähigkeit über die natürliche Grenze hinaus zu steigern, hat die Athleten aller Zeitalter und Völker beschäftigt. Über die Berechtigung des Dopens ist viel gesagt worden, ohne dass etwas dabei herauskommt. Sobald solche Mittel den Sporttreibenden bekannt werden, werden sie rücksichtslos angewandt, und bei den Leuten, die solche Mittel nötig zu haben glauben, hilft kein Verbot und kein Abraten, sie werden doch angewandt, und zwar oft genug skrupellos, ungeschickt und falsch."

Das Unrechts-
bewusstsein fehlte

In den ersten Jahrzehnten der Leichtathletik war bei den Langstreckenrennen das Einsetzen von aufputschenden oder leistungsstimulierenden Substanzen nicht generell verboten. Dagegen gab es zur gleichen Zeit im Pferderennsport ganz genaue Bestimmungen, die das Dopen der Pferde strengstens unter Strafe stellten. Schließlich waren hier Wetten um große Geldsummen im Spiel. So gab es bei den Pferderennen in Wien schon 1910 Speicheltests, mit denen mancher Betrug nachgewiesen werden konnte. Beim Wetten wollte keiner betrogen werden. Betrug nannte man Doping auf diesem sportlichen Gebiet, und es war jedem klar, dass Doping eine Wettbewerbsverzerrung darstellte. Anders lagen die Dinge jedoch beim Doping des Menschen. Hier fehlte zunächst das Unrechtsbewusstsein. Aufputschmittel, mit denen Ermüdungserscheinungen überdeckt werden sollten, waren lange Zeit eine Selbstverständlichkeit. Die Frage nach der Ethik, nach der Legalität solcher Art von Leistungsunterstützung wurde einfach nicht gestellt.

So legte sich auch der bereits zitierte Arzt Brustmann 1920 nicht generell gegen Doping fest: „Wem also irgendein Zwischenfall, eine gesundheitliche Verstimmung etwa, ein ungünstiges Wetter, eine schlecht durchschlafene Nacht oder irgendein Diätfehler an seiner Form Abbruch getan hat, wer vielleicht infolge von Nervosität ein vorzeitiges Erschlaffen seiner Nerven befürchten muss, der ist meines Erachtens nicht anzuklagen, wenn er durch irgendein Reizmittel seine gestörten besten Arbeitsbedingungen wieder herstellt."

Gut drei Jahrzehnte nach diesen Äußerungen stand Dr. Martin Brustmann übrigens im Zentrum eines dicken Dopingskandals: Bei den Rudermeisterschaften 1952 in Duisburg soll er den unterlegenen Ruderern des Achters aus Rüsselsheim „grüne Pillen" gegeben haben, den Konkurrenten „rote Pillen". „Laut Dr. Brustmann habe es sich um anregende Pillen gehandelt", berichtete die „Frankfurter Rundschau" und fügte zur Zusammensetzung der grünen Pillen hinzu: „eine erste Analyse stellte eine Schlafmittelkombination fest". Den anschließenden Prozess verlor Brustmann.

Erst nachdem der dänische Straßenradfahrer Knut Enemark Jensen bei den Olympischen Spielen 1960 nach Amphetamin-Doping gestorben war, beschäftigte sich das Internationale Olympische Komitee ernsthaft mit dem Thema Doping. Aber es dauerte noch weitere vier Jahre, bis das IOC 1964 das Doping einstimmig verdammte. Erst 1968 wurden bei Olympischen Spielen erstmals Dopingtests durchgeführt!

In den letzten Jahrzehnten schien sich das Dopen vor allem auf die Kraft- und Schnellkraft-Disziplinen zu konzentrieren. Die zunächst nicht nachweisbaren Anabolika sorgten für mächtige Muskelzuwächse. Doch immer wieder erreichte die Dopingproblematik auch die Langstreckenläufer. Lasse Viren ist hier ein Beispiel. Der Finne war nach seinem Doppelerfolg bei den Olympischen Spielen 1972 über 5.000 m und 10.000 m des Blutdopings bezichtigt worden. Beweisen konnte man damals nichts.

Neue Formen des Dopings

▲ Saubermann
unter Doping-
Verdacht:
Dieter Baumann

In den letzten fünf Jahren beherrschte das Thema Doping immer stärker auch den Ausdauersport. 1998 schockte der Doping-Skandal bei der Tour de France in seinen Ausmaßen die Öffentlichkeit. Dann wurde Vorzeige-Marathon-Läuferin Uta Pippig gesperrt und schließlich auch noch Ende 1999 die deutsche Langstrecken-Ikone Dieter Baumann vom Thron gestürzt. Kein Trainingslauf in der Jogginggruppe war nun noch möglich, ohne die grundsätzliche Einstellung aller Mitläufer zur Frage aller Fragen abzuklopfen: War Baumann gedopt oder ist er unschuldig?

Im Mittelpunkt der aktuellen Dopingdiskussion beim Langstreckenlauf steht vor allem die Substanz Erythropoethin, bekannter unter dem Kürzel EPO. Dieser Modestoff fördert die Produktion der roten Blutkörperchen. Jeder dieser kleinen Blut-Transporter versorgt die Muskulatur mit Sauerstoff, der für die Energieversorgung des Muskels so wichtig ist. Vereinfacht gesagt, muss der Läufer nicht mehr ins Höhentrainingslager fahren, um seine Ausdauerleistung zu steigern. Aber das synthetisch hergestellte EPO erhöht auch die festen Bestandteile im Blut. Es kann zu Verklumpungen des Blutes in den Blutgefäßen, Thrombosen und Embolien führen. Um das zu verhindern, werden Mittel zur Blutverdünnung wie HAES eingesetzt.

Momentan hecheln die Wissenschaftler, die im Dienst des sauberen Sports stehen, ständig den Wissenschaftlern hinterher, die noch nicht nachweisbare Dopingsubstanzen entwickeln. Und sie werden wohl weiter hinterherlaufen. Denn dieser Wettkampf ist nicht zu gewinnen! Der Sport ist eben keine Insel der Seligkeit inmitten einer bösen, feindlichen Welt. Im Gegenteil, er spiegelt die gesellschaftlichen Zustände recht gut wider. In einer rigorosen Ellenbogen-Gesellschaft, in der sich der Stärkere durchsetzt, egal auf welche Weise er seine Fähigkeiten erlangt hat, ist auch jedes Mittel für den sportlichen Sieg gerechtfertigt.

Bei der Doping-Problematik handelt es sich deshalb nicht um ein Problem des Sports, sondern um ein Problem der Gesellschaft. Athleten, die sich durch unerlaubte medizinische Manipulation um Leistungsvorteile bemühen, sind schlicht und einfach miese Betrüger. Doping ist eben kein Kavaliersdelikt und zwangsläufiges Merkmal des Hochleistungssports. Und weil Doping-Mentalität, Betrugsbereitschaft und Entsolidarisierung eben keine besonderen Merkmale des Leistungssports, sondern der Gesellschaft sind, so ist es auch logisch, dass das Einnehmen unerlaubter Mittel längst nicht auf Spitzensportler beschränkt ist.

Der Mediziner Carsten Boos von der Universität Lübeck hat in einer Untersuchung in 58 Fitness-Studios die dort trainierenden Sportler befragt. Dem Sportausschuss des Deutschen Bundestages präsentierte er am 14. März 2001 das Ergebnis: Bei 22 Prozent der befragten Freizeitsportler wurde ein Anabolikamissbrauch festgestellt! Klaus Müller, Leiter des Anti-Doping-Labors in Kreischa, betont, dass bei Spitzensportlern lediglich 0,5 Prozent der Proben positiv ausfallen. Hier muss man jedoch in Rechnung stellen, dass Spitzensportler ständig auf der Hut vor Dopingfahndern sein müssen. Bei Breitensportlern ist das nicht der Fall.

Doping als Massenphänomen

Die Untersuchung der Universität Lübeck wurde in Fitness-Studios durchgeführt. Dort herrscht doch eine ganz andere Mentalität, eben eine Doping-Mentalität, hält mancher engagierte und gutgläubige Läufer dagegen. Doch halt! Das stimmt ganz einfach nicht. Zwar gibt es nur sehr wenige Forschungsergebnisse über Doping im Breitensport, aber was bei punktuellen Untersuchungen herauskam, ist erschreckend. Bei der weltweit ersten breit angelegten Dopingkontrolle von Breitensportlern beim Jungfrau-Marathon in der Schweiz 1998 dopte zwar nur einer von 130 nach dem Zufallsprinzip ausgesuchten Läufern. Allerdings hatten 34,6 Prozent vor dem Marathon Schmerzmittel eingenommen!

Jungfrau-Marathon: 34,6 Prozent nahmen Schmerzmittel

Zwar stehen diese Schmerzmittel nicht auf der Dopingliste, die Mittel werden aber durchweg zur Leistungssteigerung eingenommen. Oder sollten ein Drittel

aller Läufer an diesem Wettkampftag zufällig „unpäss-
lich" gewesen sein? Die traurige Wahrheit liegt anders: Da
die harten Dopingsubstanzen für den Breitensportler
nicht problemlos zu kaufen sind, schlucken sie das, was
auf dem Markt zu haben ist – nämlich Schmerzmittel.
Und dies sind keineswegs Läufer, die mit ihrer Leistung
Geld verdienen!

Die eigenen
Leistungsgrenzen
akzeptieren

Statt mit irgendwelchen mehr oder weniger geheim-
nisvollen Mittelchen die Leistungsgrenze nach oben zu
verschieben, müssen Hobby-, Freizeit- und semiprofes-
sionelle Mastersläufer versuchen, die eigene Leistungsgrenze zu akzeptieren. Oft sind die Möglichkeiten der
Leistungsverbesserung noch lange nicht ausgeschöpft.
Richtiges Training befähigt dazu, mit den vorhandenen
Ressourcen an Zeit und körperlichen Leistungsvoraussetzungen die bestmögliche Zeit zu erzielen. Das bietet
für den Breitensportler größere Steigerungsmöglichkei-
ten als ein paar vor dem Wettkampf geschluckte
Schmerztabletten. Wahrscheinlich haben die meist auch
nur einen Placeboeffekt.

Vereinfacht wird das Einsetzen von leistungsfördernden Mitteln dadurch, dass es keine exakt definierte
Grenze zwischen erlaubter und unerlaubter Manipulation gibt. Elisabeth Pott, Direktorin der Bundeszentrale
für gesundheitliche Aufklärung, betonte die „Türöffner-
funktion von Nahrungsergänzungsmitteln für Doping-
mittel". Dr. Beat Villiger, der Rennarzt des besonders harten Jungfrau-Marathons, bringt seine Beurteilung auf die
knappe Formel: „Doping ist unfair, Medikamentenmissbrauch gefährlich!" Bei zu geringer Flüssigkeitsaufnahme
kann Medikamentenmissbrauch zu Nierenversagen führen. Wer sich also nicht der moralischen Dimension des
„Fair Play" verpflichtet fühlt, der sollte sich wenigstes intensiv die Gefahr verdeutlichen, die er bei Einsatz von
Schmerz- oder sonstigen leistungsfördernden Mitteln
eingeht.

Von Asketen, vergnügten Joggern und laufenden Frauen

In der ersten Hälfte des letzten Jahrhunderts prägten spindeldürre Asketen das Marathongeschehen. Legenden von Härte gegen sich selbst, überwundenem Leid und körperlichen Zusammenbrüchen wurden gepflegt. Zwei Dinge wären damals als reine Phantastereien abgetan worden: Die Vorstellung, dass es einmal Läufe durch abgesperrte Städte fernab von Meisterschaften und Olympischen Spielen geben könnte, und die Vorhersage, dass sich Marathonlaufen einmal zum Volkssport entwickeln würde.

Die Zeiten haben sich geändert. Heute gehören schnaufende Jogger genauso zum Flair der innerstädtischen Parkanlagen wie die Inline-Skater oder die Spaziergänger. Laufen ist trendig.

◄ Langstreckenlauf ist zum Volkssport geworden.

Die Laufbewegung der siebziger und achtziger Jahre

Die Entwicklung hin zum Breitensport Laufen begann in Deutschland vor rund 40 Jahren. Drei Begriffe prägten die Laufbewegung in Westdeutschland in den letzten Jahrzehnten: Volkslauf, Lauftreff und Stadtmarathon. Der erste Volkslauf fand im Oktober 1963 in Bräunlingen im Schwarzwald statt, 1974 wurden die ersten Lauftreffs gegründet und der erste Citymarathon startete 1981 in Frankfurt. 1998 hatte der Berlin-Marathon mit mehr als 25.000 Meldungen den Status eines Megamarathons erreicht.

Begonnen hat die Begeisterung am aktiven Laufen aber in den Vereinigten Staaten. Dort setzte sich die Joggingwelle in Bewegung. Zunächst liefen die Amerikaner, dann – mit der üblichen Verzögerung – schwappte die Welle auf Europa über, die Westeuropäer wurden vom Lauffieber erfasst.

Volksläufe

Am 13. Oktober 1963 veranstaltete der laufbegeisterte Otto Hosse aus dem badischen Bobingen den ersten Volkslauf Deutschlands. Für ihn waren jedoch nicht die USA, sondern die nahe Schweiz das Vorbild. Bei den Eidgenossen hatte er Läufe für Bewegungsfreunde, denen der Hochleistungsgedanke fremd war, gesehen und war von der Idee begeistert. Es schien so, als ob in Deutschland viele ebenfalls auf ein solches Ereignis gewartet hatten: Eine für damalige Verhältnisse im deutschen Breitensport riesige Zahl von 1.626 Aktiven startete in Hosses Heimatstadt.

Volksläufe sind Wettkämpfe außerhalb des Stadions, bei denen in erster Linie die Teilnahme zählt. Allerdings werden für jeden Läufer auch Zeiten gestoppt und die Sieger in den verschiedenen Altersklassen ermittelt.

Heute liegt die Zahl der Volksläufe rund doppelt so hoch wie die Zahl der gestarteten Sportler bei der Pre-

miere 1963: 3.551 Volksläufe registrierte der Deutsche Leichtathletik Verband im Jahr 2000, das sind im Durchschnitt jede Woche 68 Läufe. Damit wurde in der Addition aller Teilnehmer erstmals der Sprung über die Millionengrenze geschafft. Die beeindruckende Zahl von 1.044.578 Starts kann aber nicht mit der Zahl der aktiven Wettkampfläufer gleichgesetzt werden. Denn es gibt Volkslauf-„Spezialisten", die sich den Spaß gönnen und nahezu jedes Wochenende bei einem Rennen starten.

▲ In den achtziger Jahren stieg die Zahl der Lauftreffs sprunghaft an. Mit einer bundesweiten Veranstaltung wurde jedes Jahr die Trimm-Trab-Saison eröffnet. Hier der Lauf der Anfängergruppe im Jahr 1987.

Lauftreffs

Neben den Volksläufen entstand bald eine zweite Säule des Breitensports. Das war die Zeit, vor einem guten Vierteljahrhundert, als ich mir selbst die Laufwelt eroberte. Ich ließ mich von den Schranken der Sportplätze nicht länger aufhalten und bewegte mich laufend dort, wo andere bestenfalls spazierengingen. Solches Tun war nicht direkt verwerflich, aber keinesfalls üblich. Das wenig einfallsreiche „Eins, zwei, eins, zwei" bekam ich fast bei jedem Dauerlauf in der Nähe menschlicher Ansiedlungen zu hören. „Läufer gehören auf den Sportplatz", rief mir eine unfreundliche alte Dame zu, als ich mich unüberhörbar über ihren allzu aufdringlichen Hund beschwerte. Sie stand mit dieser Meinung nicht alleine. Gemeinsamkeit macht stark. So wurden 1974 – auch um solcherlei Ärgernisse zu minimieren – die Lauftreffs aus der Taufe gehoben. In den Lauftreffs traben mehrere Gruppen in unterschiedlichem Tempo rund eine Stunde lang. Das reicht von der Anfängergruppe, die im Wechsel geht und läuft, bis zur schnellen Gruppe, die rund 12 km in der Lauftreffstunde zurücklegt. In den letzten Jahren sind auch noch Walking-Gruppen dazugekommen. Diejenigen, die seit vielen Jahren bei Volksläufen starten, rekrutieren sich zu einem kräftigen Teil aus Lauftreff-Teilnehmern.

Bei den Lauftreffs spielt die Geselligkeit eine wichtige Rolle, denn gemeinsam läuft es sich einfacher. Die kostenlose „Schnupperteilnahme" an einem Lauftreff bietet einen guten Einstieg. Aber achten Sie darauf, ob das Laufprogramm wirklich auf Anfänger zugeschnitten ist. Die Qualität des ehrenamtlichen Angebots ist sehr nämlich sehr unterschiedlich. Oftmals wird in den Lauftreffs zu schnell und zu viel gelaufen. Mittlerweise werden qualifizierte Laufkurse auch im Fitness-Bereich gegen Kursgebühren angeboten.

Der Lauftreff wurde zu einem Erfolgstreff. Vier Jahre nach der Premiere gab es bereits 1.000 Lauftreffs. Im Jahr 2001 existieren über 2.600 dieser lockeren Laufgemeinschaften. Doch für die in den letzten Jahren des zweiten Jahrtausends einsetzende verstärkte Fitness-Bewegung hatten die Lauftreffs nur eine geringe Bedeutung.

Auffällig ist, dass bis jetzt der Lauftreff eine fast rein westdeutsche Angelegenheit geblieben ist. In den ersten elf Jahren des wiedervereinigten Deutschlands konnte sich die Idee des Lauftreffs im Osten Deutschlands nur vereinzelt etablieren.

Mehr und mehr vom Laufvirus infizierte Zeitgenossen wurden in der Folge zu Marathonläufern, oder wie die Laufszene sagt „Marathonis". Die Entwicklung lässt sich leicht an den Teilnehmerzahlen ablesen: 1970 starteten in New York 127 Marathonläufer, 1975 waren es auch erst 534. Doch schon ein Jahr später starteten 2.090, 1977 waren es 4.823 Aktive. Bereits 1984 bewarben sich 50.000 Frauen und Männer um die damals zur Verfügung stehenden 16.000 Startplätze.

Ausgehend vom New York-Marathon eroberte eine immer größer werdende Läuferschar die Innenstädte und revolutionierte damit die Laufwelt. Die Läufer versteckten sich nicht mehr, sondern liefen selbstbewusst durch die Innenstädte und sicherten sich den Raum zum Laufen zumindest für einen Tag im Jahr. Rasant stiegen die Teilnehmerzahlen. Die Marathonläufe von Berlin, Hamburg und Frankfurt entwickelten sich zu den riesigen Massenspektakeln, wie wir sie heute kennen.

Fast alle Marathonis wollten zunächst in den Städten laufen, so neu und faszinierend war das Gefühl der Anerkennung für die Breitensportler durch applaudierende Zuschauermassen. Diese Großereignisse waren für die Laufszene natürlich die beste Werbung. Vielen aktiven Marathonläufern haben die Fernsehbilder von den großen Läufen tatsächlich den Kick gegeben, die Laufschuhe gegen den Fernsehsessel zu einzutauschen.

Die Folge für die 42,195-km-Rennen alter Prägung, Läufe über Feld- und Landwirtschaftswege, war bitter: Die Teilnehmerzahlen sanken, obwohl immer mehr Läufer die klassische Strecke in Angriff nahmen. Daverden, Dülmen und andere starben ganz. Die Organisatoren von Traditionsveranstaltungen wie die Marathonläufe von Bräunlingen und Kandel haben sich bis heute noch nicht mit ihren geringeren Teilnehmerzahlen abgefunden.

Die Eroberung der Städte

▲ Vor der Skyline von Frankfurt/Main.

Die Laufbewegung in der DDR

In der DDR beschränkte sich bis in die sechziger Jahre die Zahl derjenigen, die Strecken zwischen 10 km und 100 km liefen, auf jährlich einige hundert Aktive. Und die kamen meist aus den Reihen der Leistungssportler. Doch allmählich schnupperten immer mehr Bürger der Republik Laufluft. Den ersten Anstoß dazu gab ab 1967 die „Lauf-dich-gesund-Bewegung", die durch eine breite Kampagne bekannt gemacht wurde. In den ersten Jahren hatten die Läufer genau wie im Westen mit der Unwissenheit der Nichtläufer zu kämpfen. So berichtet das „Magazin", dass Ingo Heisch aus Gera wegen seines Trainings sogar angezeigt wurde. Heisch, der zum Urgestein der Laufbewegung in der DDR gehörte, wurde als wahrscheinlich „Entlaufener (Sträfling) in grauer Unterwäsche mit Pudelmütze" gemeldet. Er hatte bei Autofahrern Verdacht erregt, als er sich durch den tiefen Schnee eines Straßengrabens kämpfte, um seine Beinkraft zu stärken.

Abgelöst wurde die „Lauf-dich-gesund-Bewegung" 1973 von der Meilenlaufbewegung. Die Volkssport- oder Gesundheitsmeile in der DDR hatte jeweils soviel Meter wie die moderne Zeitrechnung Jahre zählte, also 1.975 m im Jahre 1975, 1.976 m im Jahre 1976 und so weiter. Diese Idee kam unerwartet gut an. So gut, dass am 14. Januar 1975 staatlicherseits ein „Zentrales Meilenkomitee der DDR" gegründet wurde, um nicht von der „Meilenspringflut" überschwemmt zu werden.

Der Dauerlauf wurde in der Folgezeit Bestandteil im DDR-Gesundheitsprogramm. Umfangreiche Untersuchungen untermauerten die positiven Auswirkungen des Laufens und stärkten so die gesellschaftliche Akzeptanz. Prof. Dr. Siegfried Israel aus Leipzig, selbst ambitionierter Marathonläufer, trug dazu wesentlich bei: „Eine Überprüfung von mehr als 3.000 Langstreckenläufern aller Altersklassen erbrachte das Ergebnis, dass bei ihnen ein mit Arbeitsunfähigkeit einhergehender Krankenzustand nur 50 Prozent des DDR-Durchschnitts betrug."

Wer erst einmal vom süßen Wein des Laufens gekostet hatte, der wollte immer mehr davon. So stiegen ab 1975 die Teilnehmerzahlen bei Läufen rasant an. „Im Jahre 1980 beteiligten sich etwa 25.000 verschiedene Sportler an den fast 300 Läufen in der Republik", stellten die Autoren der Broschüre „Rennsteiglauf 1982" fest. Diese Entwicklung lässt sich auch mit den Teilnehmerzahlen des GutsMuths-Rennsteiglaufes, des zu DDR-Zeiten populärsten Rennens, belegen. Von 903 Teilnehmern 1975 bei der dritten Auflage verfünffachte sich die Zahl innerhalb von nur drei Jahren auf 4.445 im Jahr 1977. Zehn Jahre später war man bei 9.203 registrierten Läufern angelangt. Doch selbst diese beeindruckende Zahl dokumentiert nicht die wirkliche Nachfrage nach Startkarten. Aufgrund der Teilnehmerbegrenzung konnten bei weitem nicht alle Interessierten starten.

▲ 1973 fand der erste Lauf über den Rennsteig in Thüringen statt. Das Rennen über den alten Handelsweg konnte sich auch nach der Wiedervereinigung gut behaupten.

Der Rennsteiglauf erwies sich als die große Initialzündung für viele Langstreckenläufer der DDR. Gerald Henzel, heute Organisator des Dresden-Marathons, erzählt von seiner Wandlung zum Langstreckler, die typisch für viele andere Läufer zwischen Dresden und Schwerin war: „Ein Kollege hatte mir erzählt, dass er beim Rennsteig mitgelaufen war. Elf Stunden hatte er für die 75 km gebraucht. Da habe ich mir gesagt: Das schaffe ich auch! Ab Februar bin ich dann zweimal in der Woche 10 km gelaufen und im Mai hab ich's dann tatsächlich geschafft. Im Ziel war mir klar: Nie wieder!" Einige Jahre später lief er seine persönliche Marathonbestzeit: 2:31 Stunden: „Uns reizte am Rennsteig die läuferische Herausforderung und das Abenteuer."

Verglichen mit den Laufbegeisterten in der Bundesrepublik hatten die Dauerrenner in der DDR klare Nachteile. Vor allem konnte sich der normale Läufer keine speziellen Laufschuhe kaufen. Orthopädische Probleme waren somit vorprogrammiert. Das Schuhproblem trug auch dazu bei, dass die Laufbewegung der DDR auf einem anderen Untergrund trabte als die der BRD. Zwischen Eisenach und Frankfurt/Oder wurde auf weichem Wald-

Landschaftsläufe statt High-Tech-Schuhe

boden trainiert. Durch Wald und Feld führten auch die meisten Rennen auf fuß- und gelenkschonenden Untergründen. In der BRD wurde dagegen harter Straßenasphalt bevorzugt. Denn mit dem entsprechenden Schuhwerk – die Laufschuhindustrie im Kapitalismus regierte schnell auf den wachsenden Markt – konnte man sich auf harte Untergründe wagen. Und auf Asphalt können angestrebte Bestzeiten einfacher erzielt werden.

Geländeläufe prägen das Wettkampfgeschehen

Doch die Schuhe waren es nicht alleine. „Wir sind im Gelände gelaufen, weil es da viel schöner ist", betont der Marathonläufer Bernd Melzer, der wie Tausende andere auch über die „Lauf-dich-gesund-Bewegung" zum Dauerlauf gekommen ist. So prägen bis heute Geländeläufe, die zudem oft durch hügeliges Terrain führen, das Wettkampfgeschehen in den neuen Bundesländern. Und die Rennen über den Rennsteig, um die fünf Seen von Schwerin, über die Kernberge bei Jena und rund ums Kyffhäuser-Denkmal sind nur die Spitze des Eisbergs. Bis auf Bezirksebene beherrschen Läufe durch die Natur das Bild. Dies ist ein großes Plus der Laufszene in der ehemaligen DDR. Während in den alten Bundesländern viele Straßenrennen überhaupt nicht voneinander zu unterscheiden sind, hat im Osten beinahe jeder Lauf seine unverwechselbare Atmosphäre. Bei den Volksläufern im Westen zählen oft nur die exakten Kilometermarkierungen, im Osten kann man dagegen am Rande der Laufstrecke wesentlich öfter herrliche Landschaft erleben, und die Berichte im Ziel erschöpfen sich nicht darin, wer wen wann überholt hat.

Ein weiterer großer Vorteil für die Läufer in der DDR war die geringe Höhe der Meldegebühren für den Wettkampf. Das Startgeld konnte kein DDR-Bürger als Grund für einen Rennverzicht anführen; in der BRD war das sicherlich manchmal der Fall, genauso wie im heutigen Deutschland, wo 50 Euro als Startgebühr eines großen Citymarathons keinen Protest mehr auslösen. Als Beispiel sei hier das Startgeld beim KMU-Marathon in Leipzig genannt. Er zählte neben dem internationalen Marathon von Karl-Marx-Stadt zu den wichtigsten

DDR-Marathonläufen. 1984 zahlte man 5,– Mark für die 42,195 km durch Leipzig, 1989 waren es auch nur 10,– Mark. Heute muss der Marathoni schon 60,– DM von seinem Konto überweisen, um die Marathondistanz in der Stadt der Montagsdemonstrationen zu absolvieren.

Der neue Laufboom

Nachdem sich die deutsche Laufszene über viele Jahre auf einem hohen, aber keineswegs steigenden Niveau gehalten hatte, setzte in den letzten Jahren des 20. Jahrhunderts plötzlich ein neuer Laufboom ein. Das aktive Bewegen und Laufen wurde topmodern. Zeitlich lässt sich das neue Laufzeitalter gut datieren: Im Oktober 1997 fand der erste Citymarathon in Köln statt, und für die Premiere meldeten sensationelle 13.000 Läuferinnen und Läufer. 13 Jahre hatte der Hauptstadt-Marathon in Berlin gebraucht, bis er dieses Niveau erreichte. Die Kölner Organisatoren schafften eine Massenmobilisierung aus dem Stand – und Berlin hatte nur eine einzige Woche zuvor satte 18.000 Meldungen gezählt. Da musste etwas passiert sein.

Die achtziger und neunziger Jahren waren die Jahrzehnte der Fitness-Studios, jetzt liegt die sogenannte Outdoor-Fitness im Trend. Immer mehr Mountainbikes begegnen uns Läufern im Wald. Und da sitzen längst keine ausgemergelten Ausdauerapostel mehr drauf, sondern auch frisch geschminkte Schönheiten, smarte Managertypen oder Mittvierziger mit ein paar Kilos zuviel. Und die betreiben Ausdauersport, sobald sie längere Zeit auf dem Bike fahren. Wenn Verteidigungsminister Scharping auch noch regelmäßig vom Rennrad stürzt, so zeigt er doch, dass sich die Radsportbegeisterung nicht nur aufs „Team Telekom" beschränkt. Es ist schick, Rennrad und Mountainbike zu fahren.

▲ In den achtziger Jahren beteiligten sich viele Tausende an dem Rennsteig-Lauf.

Managertypen statt ausgemergelter Ausdauerapostel

62

Das Laufen hat vor allem neuen Schwung von anderen Sportarten bekommen. Ein paar Jahre zuvor waren die Jugendlichen hinter Fernseher und Computer hervorgekrochen und hatten sich auf die Skates gestellt. Auf den schnellen Rollen bewegen sich heute nicht nur die Kids über Straßen und Plätze. Das ist Bewegung, Fitness-Sport und ab einer bestimmten Belastungsdauer auch Ausdauersport.

Lifestyle Ausdauersport

Dass es von einer Ausdauersportart zum Ausprobieren einer anderen nicht allzu weit ist, haben die meisten Läufer selbst erlebt. Sie trainieren ab und zu auf dem Rad oder rollen ein paar Kilometer auf den Inline-Skates. Genauso geht es denen, die auf Rollen oder Rädern zur Bewegung gefunden haben. Sie probieren auch das Laufen aus, und mancher bleibt dabei.

Aktive Bewegung gehört zum Lifestyle. „In" ist, wer einen Marathon läuft oder auch skatet, obwohl letzteres eine viel geringere körperliche Belastung darstellt und mit den Anforderungen an einen Marathonlauf nichts zu tun hat. Aber so genau registriert das die Öffentlichkeit nicht. Wer die „mörderische Marathondistanz" zurücklegt, der bekommt einen klitzekleinen Hauch des Ruhmes ab, den Ausnahmeathleten wie Zatopek oder Nurmi durch ihre Topleistungen erkämpften. Er wird selber zu einem kleinen Helden im Bekannten- und Verwandtenkreis.

Und schnell wird die Übertragung vom Sport zum ganz normalen Leben vorgenommen: Ein Marathonläufer hat Konsequenz in seiner Lebensführung bewiesen. Er hat Biss, kann durchhalten. Er lässt sich nicht von seinem Ziel abbringen. Dann muss er auch im Beruf erfolgreich sein. Ganz so einfach und widerspruchsfrei ist dies natürlich nicht, aber wissenschaftliche Untersuchungen haben bewiesen, dass sich Bewegungstraining positiv auf die Förderung und Erhaltung der geistigen Kräfte auswirkt.

Aus soziologischer Sicht hat die positive Haltung der Gesellschaft zum Sporttreiben natürlich viel mit den beruflichen Anforderungen an den Menschen eingangs des

21. Jahrhunderts zu tun. Zu allen Zeiten wurden durch den Sport Leitbilder vorgegeben, die sich an den gesellschaftlichen Anforderungen der jeweiligen Epoche orientierten. Der Sport in der zweiten Hälfte des 19. Jahrhunderts diente vor allem der Charakterschulung und Herausbildung eines wettkämpferischen Nationalgefühls. Heute ist im Zeichen von Globalisierung und Profitmaximierung ein anderes Leitbild aktuell. Der sportive, leistungsfähige und flexible Arbeitnehmer wird gefordert. Ein Blick in die Stellenanzeigen der Zeitungen unserer Tage genügt, um dieses Anforderungsprofil wiederzufinden. Und fit ist, wer sich bewegt, wer sportlich aktiv ist, so sportlich, dass die Anforderungen des Alltags gemeistert werden können!

▲ Eine neue Marathon-Spaß-Kultur, massenhaftes Marathonlaufen ohne Leistungsstress, hat sich in den letzten Jahren entwickelt. Ein erster Höhepunkt war der Köln-Marathon 1997.

Die aktuelle Laufbegeisterung unterscheidet sich wesentlich von der ersten Joggingwelle in den siebziger Jahren: Heute zählt die Bewältigung der Herausforderung, das Durchhalten viel mehr als früher: „Dabeisein ist alles".

So wird die Endzeit immer unwichtiger. In den besten Jahren des Kandel-Marathons kam rund ein Drittel der

Dabeisein ist alles

Marathonis ins Ziel bevor die Uhr die drei Stunden überschritten hatte, beim Berlin-Marathon 2000 schafften das nicht einmal vier Prozent der Finisher! Liefen 1984 noch 1.261 Läufer unter drei Stunden ins Berliner Marathonziel, so waren es 2000 lediglich 840. Und vor 16 Jahren starteten nur rund 8.000. Im Jahr 2000 hatten sich mehr als dreimal soviel, nämlich 27.000, für die Runde durch die deutsche Hauptstadt gemeldet.

Wie auch der Beginn der ersten Joggingwelle ist der momentane Boom das Ergebnis einer Entwicklung, die sich schon Jahre vorher in den USA abzeichnete. In den USA ist es weit verbreitet, dass Politiker ihre Fitness beweisen, indem sie joggen. Jimmy Carter hatte mit diesem Fitness-Beweis noch so seine Schwierigkeiten, als er bei einem von Fernsehkameras beobachteten Jogging einen Schwächeanfall erlitt. Bill Clinton vermied solch einen peinlichen Auftritt, denn er joggte regelmäßig. Und der jetzige Präsident George W. Bush erreichte beim Houston-Marathon die beachtliche Zeit von 3:44 h. Er gehört damit in die gleiche Leistungskategorie wie der deutsche Außenminister Fischer.

Marathon als PR-Aktion für Politiker

Joschka Fischer war in Deutschland der erste Politiker, der sich ganz bewusst als Läufer in die Öffentlichkeit begab. Das war im Jahr 1997, und es ist sicher kein Zufall, dass dies zeitgleich mit dem Einsetzen des neuen Marathon-Booms geschah. Im April 1998 bewältigte er seinen ersten Lauf über die klassische Straßenlauf-Distanz. Marathonlaufen war eben modern geworden und konnte geschickt als Öffentlichkeitsarbeit für die eigene Person eingesetzt werden. Und der Medienrummel um den Läufer Fischer war wiederum eine gute Werbung für die Sportart Laufen.

Der späte Start der Frauen

Der französische Schriftsteller und Philosoph Jean-Jaques Rousseau hatte 1762 in seinem pädagogischen Lehrbuch „Emile" bereits gefordert, neben Jungen auch Mädchen durch Wettkämpfe, gymnastische Übungen und kampfbetonte Spiele körperlich zu ertüchtigen. Der deutsche Dichter Johann Wolfgang von Goethe zählte 30 Jahre später die Errungenschaften auf, die dieses provokante Buch ausgelöst hatte: „Schnürbrust und Absatz verschwanden, der Puder zerstobte, die Haare fielen in natürlichen Locken, Kinder lernten schwimmen und rennen, vielleicht auch balgen und ringen."

Doch von langer Dauer waren die von Goethe bemerkten Veränderungen nicht. Die Frauen der Oberschicht wurden weiterhin ausschließlich nach ihrem Aussehen beurteilt. So nahmen sie Körper- und Haltungsschäden in Kauf, um auf dem „Heiratsmarkt" eine möglichst attraktive Position einzunehmen. Sport war kein Thema. Und die einfachen Frauen hatten schon in der Jugend zu arbeiten, anschließend waren Kinder zu gebären und aufzuziehen.

Carl Diem, der als Sportfunktionär in vielen Bereichen die deutsche Leichtathletik mitbestimmt hat, allerdings durch seine sportpolitische Tätigkeit für die Nationalsozialisten diskreditiert ist, schildert die Zeitumstände in der Periode nach der Jahrhundertwende in seinen Lebenserinnerungen ziemlich plastisch, wenn er schreibt: „Bedenken Sie das Misstrauen bei den Wächtern der Moral, da wir (jungen Männer) in unsittlich herausfordernder Weise nackte Waden zeigten, denn die damaligen Wettkampfbestimmungen erlaubten geradezu einen unbekleideten männlichen Unterschenkel: die Sporthose durfte von unterhalb des Knies an aufhören – und das hat sie nicht einmal immer getan; oft endete sie über dem Knie. Wer mir die Entrüstung über unseren ‚Exhibitionismus' nicht glauben will, kann es in der Deutschen Turnzeitung nachlesen. Wenn man uns aber gesagt hätte, dass dies einmal auch die Mädchen dürfen würden, wären wir sicher selbst empört gewesen!"

Nur eine Sache der Männer

„Zur Hebung der Grazie nicht das rechte Mittel…"

Langes Laufen war von den ersten Anfängen der Leichtathletik an bis um 1960 einzig und allein eine Sache der Männer. Doch Ausnahmen bestätigen die Regel, hin und wieder wurden auch Mittelstreckenrennen für Frauen angeboten, um durch diese Sensation Zuschauer anzulocken. So berichtet die „Leipziger Illustrierte Zeitung" vom Wettlaufen im Sportpark zu Treptow am 12. Mai 1904. „Siebzig (!) Laufmädchen fanden sich mit frischem Wagemut am Start zusammen. Einige Regenduschen vermochten nicht die Rennlust abzukühlen. Zunächst gab es zehn Vorläufe zu je sieben Köpfen über 400 m. Die Siegerinnen aus diesen die Bahn umkreisenden Siebengestirnen kamen dann in den Endlauf über 500 m." Doch der Berichterstatter vergisst seine Wertung des Gesehenen nicht: „Ohne Weiteres ließ sich erkennen, dass das Damen-Wettlaufen zur Hebung der Grazie nicht das rechte Mittel ist. Dem Publikum machte die Sache indes sichtliches Vergnügen. Die Siegerin nahm die Huldigung der Menge entgegen: um die Schultern den Siegeskranz und – um 150 M (Mark) reicher."

Da Frauen in den meisten Sportarten nicht zu den Olympischen Spielen zugelassen waren, veranstalteten Sportlerinnen aus mehreren Ländern 1921 eine Art Frauen-Olympiade und gründeten im gleichen Jahr den Weltsportverband der Frauen. Diese Konkurrenz bewirkte, dass sich die Sportverbände zunehmend auch um die Sportlerinnen kümmerten. So stand bei den Olympischen Spielen 1928 in Amsterdam erstmals eine „lange Strecke" für Frauen auf dem Programm, die 800 m.

Im 800-m-„Damenlauf" holte Linda Radke-Batschauer die einzige deutsche Goldmedaille in neuer Weltrekordzeit von 2:16,8 Minuten. Aber nicht sie stand im Mittelpunkt, sondern zwei von ihr besiegte Kanadierinnen, die im Ziel zusammenbrachen. Das war ein gefundenes Fressen für Presse und Funktionäre, die die Wirkungsstätte von Frauen nur im Heim und am Herd sahen. Die „unweibliche Strecke", die man dem „schwachen Geschlecht" zugemutet hatte, wurde wieder aus dem olympischen Programm gestrichen. Der große Nurmi, der sich nach seiner 5.000-m-Niederlage 1928 ebenfalls erschöpft auf den Rasen warf, blieb dagegen unbehelligt von Kritik. Männer durften natürlich trotz gelegentlicher Schwächeanfälle weiterhin Mittel- und Langstrecken laufen.

Dr. med. Hede Bergmann-Pahl schrieb in einem empörten Leserbrief in „Der Leichtathlet" Nr. 6, 1929: „Bei der Amsterdamer Olympiade habe ich als Ärztin sämtliche Teilnehmerinnen der 800-m-Strecke vor und nach dem Rennen in den Kabinen gesehen. Selbst beim Endlauf war keine der Teilnehmerinnen so erschöpft, dass sie sich nicht bereits zehn Minuten später lachend und plaudernd und sich pudernd bewegen konnte. Gewiss ist es nicht aus der Welt zu schaffen, dass beide kanadischen Teilnehmerinnen am Ziel zusammenbrachen und mehrere Minuten am Boden liegenblieben. Die beiden zusammengebrochenen Kanadierinnen, die die schweren Schädigungen des Frauenkörpers durch den 800-m-Lauf beweisen sollten, saßen schon bei der nächsten Konkurrenz, die die Männer austrugen, wieder im Zuschauerraum und hatten sich soweit erholt, dass sie auf der Tribüne sogar in der Lage waren, den Beifallschor zu dirigieren. Beide Achthundertmeter-Läuferinnen liefen dann am nächsten Tage in der kanadischen Vierhundertmeter-Staffel, die in neuer Weltrekordzeit das Zielband erreichte."

Und die Ärztin fährt fort: „Für das Vorhandensein gesundheitlicher Schädigungen ist danach der Amsterdamer Lauf überhaupt nicht zu werten. Die Problemstellung ist eine ganz andere. Einer unserer besten deutschen Gynäkologen, Prof. Dr. Straßmann, Berlin, hat einmal ausgeführt, die größte Dauerleistung, deren ein menschlicher Körper überhaupt fähig sei, wäre der Geburtsakt. Was hierbei von allen Organen einer Frau verlangt und geleistet würde, sei unvorstellbar groß. Die Natur hat demnach den weiblichen Körper mit seinen Organen ge-

▲ Lina Radke-Batschauer bei ihrem Olympiasieg 1928 in Amsterdam.

radezu für Daueranstrengungen prädestiniert und eingerichtet. Tausende und Abertausende von Sportlerinnen kommen aus psychischen und physischen Gründen für die Sprintstrecke nicht in Frage. Ihre Domäne ist die Dauerleistung. Für uns, die wir fachmännisch die Frage bearbeitet haben, kann die Frage überhaupt nicht lauten: Mittelstrecke oder nicht, sondern nur, welche Mittelstrecke."

Erst bei den Europameisterschaften 1954 in Bern standen die 800 m für Frauen endlich wieder auf dem Programm. Doch in Deutschland war man noch nicht einmal so weit. Der Verbandstag des Deutschen Leichtathletik-Verbandes hatte 1952 noch auf Empfehlung des Frauenausschusses die Aufnahme der 800 m ins Wettkampfprogramm abgelehnt. Medizinische und ästhetische Gründe wurden ins Feld geführt. Dabei hatten sich die Sportärzte bis dahin so gut wie gar nicht mit der Ausdauertrainierbarkeit von Frauen beschäftigt. Die Schädlichkeit des Langstreckenlaufes auf den weiblichen Organismus belegten weder wissenschaftliche Untersuchungen noch physiologische Begründungen. Egal: Schließlich konnte ja jeder sehen, wie „unweiblich" das Laufen war.

Aus heutiger Sicht ist es schwer zu begreifen, dass die 800 m erst 1960 und die 1.500 m erst 1972 in München ins olympische Programm aufgenommen wurden. Verständlicher wird das, wenn man die Einstellung von Avery Brundage, bis 1972 Präsident des Internationalen Olympischen Komitees (IOC), in seiner früheren Funktion als Vorsitzender des Internationalen Leichtathletik-Verbandes kennt: „Ich kann Frauen als Wettkämpferinnen in der Leichtathletik überhaupt nicht mehr sehen. Ihr Charme geht mir verloren."

200 Meter: längste Distanz für Frauen

1953, als die längste bei deutschen Meisterschaften zugelassene Frauendistanz über 200 m(!) führte, war Dr. Ernst van Aaken schon lange ein emsiger Kämpfer für den Langstreckenlauf der Frauen. In der Zeitschrift „Sportmedizin" engagierte sich der deutsche Sportarzt: „Im Beruf, in der Fabrik, im täglichen Leben werden von vielen Frauen Leistungen verlangt, die hinter denen des Mannes nicht zurückstehen" und stellte fest, wenn die Langstrecken laufende Frau „die Männerleistungen aufgrund ihres Körperbaus in den Höchstleistungen nicht erreichen kann, so ist das noch kein Grund, ihr die Betätigung in gewissen Übungen vorzuenthalten." Geradezu revolutionär war damals seine These: „Die Frau ist nicht nur für den Mittelstreckenlauf geeignet, sondern sogar auch für den Langstreckenlauf."

Als sich in den sechziger und siebziger Jahren die Volkslaufbewegung ausbreitete, galten deren Thesen vom Nutzen des lockeren langen Laufens prinzipiell für beide Geschlechter. Dennoch blieb in den Anfangsjahren die Zahl der laufenden Frauen verglichen mit denen der Männer gering. Es war beim Laufen ähnlich wie bei den Führungspositionen in Wirtschaft oder Politik: Prinzipiell möglich, kein Problem. Doch in der Realität sahen die Dinge eben anders aus: Da liefen die Männer, und die Frauen hüteten zu Hause die Kinder.

Aber die, die einmal vom Laufvirus angesteckt waren, die an sich selbst bemerkten, dass Frauen zu ähnlichen Laufleistungen fähig waren wie Männer, wollten auch an den offiziellen Straßenlauf-Wettbewerben teilnehmen. Zu keinem einzigen Marathonlauf weltweit waren die Frauen zugelassen, als Kathrine Switzer 1967 bei dem amerikanischen Traditionslauf, dem Boston-Marathon, startete. Es war nicht die erste „verbotene" weibliche Teilnahme am Marathon, aber die spektakulärste. Die damals 20-jährige Amerikanerin umging das Frauen-Startverbot dadurch, dass sie statt des Vornamens lediglich ihre Initialen angab: „K.V. Switzer" bekam eine Startnummer zugeteilt. Als man bemerkte, dass hinter „K.V." eine Läuferin steckte, rannte einer der Veranstaltungsdirektoren hinterher und versuchte sie mit Gewalt am Weiterlaufen zu hindern. Der mitlaufende Freund verteidigte Kathrine, drängte den Funktionär von der Straße, und Switzer erreichte von da an unbehelligt das Ziel. Die Bilder dieser handgreiflichen Attacke gingen um die Welt

Die Marathon-Frauen kommen

▲ Der Freund und andere Mitläufer schützten Kathrine Switzer 1967, als einer der Organisatoren sie mit Gewalt aus dem Rennen werfen wollte.

und lösten eine breite Diskussion aus. Aber erst sechs Jahre später gaben sich die konservativen Organisatoren des Boston-Marathons geschlagen und ließen unter dem starken Druck der Öffentlichkeit Frauen offiziell zu.

Übrigens hat ein Kosmetik-Unternehmen wesentlich zu der Verbreitung des Frauenlaufs beigetragen. Avon unterstützte bereits in den sechziger Jahren die ersten Langsteckenläufe für Frauen, heute organisiert die legendäre Kathrine Switzer die weltweite Avon-Frauenlaufserie, an der jährlich zehntausende Frauen teilnehmen.

Je mehr Anhänger die Joggingwelle gewann, desto mehr stieg auch der prozentuale Anteil der laufenden Frauen. Damit ging eine rasante Verbesserung der Frauen-Weltbestzeit über die Marathonstrecke einher. Dr. van Aakens großer Einfluss war sicher dafür mitentscheidend, dass die Weltrekordentwicklung der ersten Jahre von deutschen Läuferinnen mitbestimmt wurde. Hielt diese Marke 1967 Anni Pede aus dem van-Aaken-Wohnort Waldniel mit 3:07:21 Stunden, so lag sie acht Jahre später bereits bei 2:40:15 Stunden durch die Wuppertalerin Christa Vahlensieck. 1980 lief die Norwegerin Grete Waitz mit 2:25:41 Weltrekord. Damit war die Topzeit von den Läuferinnen innerhalb von nur 14 Jahren um mehr als 40 Minuten nach unten gedrückt worden.

Im Frühjahr 2001 hielt die Kenianerin Tegla Loroupe, die einen großen Teil des Jahres über im westfälischen Detmold lebt, den Marathon-Weltrekord der Frauen mit 2:20:43 Stunden.

1984 war die letzte Männerbastion gestürmt, der Frauenmarathon gehörte zum olympischen Programm. Joan Benoit aus den USA siegte überlegen in 2:24:52 Stunden. Doch 20 Minuten später schockte die Schweizerin Gaby Andersen Millionen von Fernsehzuschauern. Ähnlich wie Dorando Pietri 1908 brauchte Gaby Andersen für die letzten 500 m sieben lange Minuten. Unendlich langsam torkelte die damals 39-Jährige dem Ziel entgegen, das sie nach 2:48:42 Stunden endlich erreichte. Die eigentlich wettkampferfahrene Schweizerin hatte bei warmem Wetter einen typischen Anfängerfehler begangen und ganz einfach zu wenig getrunken. Im Lehrbuch wird das sachlich beschrieben mit: „Unzureichende Flüssigkeitszufuhr beschleunigt die Dehydration und kann letztlich zu einem massiven, unter Umständen lebensbedrohlichen Risiko ausarten."

Körperliche Folgen hatte die Marathontortur für Andersen nicht. Bereits am nächsten Tag war sie so erholt, dass sie ein paar Kilometer trabte. Nicht einmal drei Monate nach dem Olympiadebakel lief sie den New-York-Marathon und belegte in 2:42:24 Stunden einen elften Platz. Und auch für die Frauen-Laufbewegung ging alles gut aus. Ein paar Tage gab es mächtigen Wirbel in den Medien. Doch anders als 1928 die 800 m blieb der Frauenmarathon olympisch.

Alles andere wäre auch völlig widersinnig gewesen, schließlich bewältigten 1984 schon Tausende von Läuferinnen die 42,195 km ohne Probleme. 2000, ganze 33 Jahre nach Kathrine Switzers Marathon-Tabubruch, finishten 8.312 Frauen beim New-York-Marathon und beim Hauptstadt-Marathon in Berlin erreichten 3.547 Läuferinnen das Ziel. Das sind immerhin mehr als 15 Prozent aller Finisher – Tendenz stark steigend.

Aber auch heute ist die volle Gleichstellung von Frauen und Männern auf den Langstrecken noch nicht

▲ Joan Benoit wurde 1984 erste Marathonsiegerin der olympischen Geschichte.

Tendenz stark steigend

durchgesetzt. Frauen sind schwächer und dürfen deshalb nicht so stark belastet werden – diese alte Haltung schimmert durch, wenn bei einer ganzen Reihe von Volksläufen für die Frauen eine kürzere Distanz als für die Männer angeboten wird. Selbst bei den Deutschen Crossmeisterschaften, bei der nur gut trainierte Vereinssportler antreten, ist die Langstrecke der Frauen deutlich kürzer – da wurde mit der Tradition bis heute nicht gebrochen. So starteten 2001 in Regensburg die Männer über 10,0 km, und die Frauen durften nur 6,7 km laufen!

▼ Der Anteil der Frauen in Lauftreffs und Laufgruppen ist in den letzten Jahren immer größer geworden.

▨ Christa Vahlensieck:
Immer Läuferin der ersten Stunde

Diese drahtige Läuferin aus Wuppertal verkörpert Laufgeschichte wie keine zweite Frau in Deutschland. „In meiner Jugend waren 600 m die längste für Frauen übliche Distanz", erinnert sich die 1949 in Düsseldorf geborene Läuferin. Also lief sie die 600 m, später die 800 m – im Wettkampf. Im Training rannte sie häufig die aus damaliger Sicht unerhört langen Strecken von 10 bis 15 km. 1965 in Stuttgart erkämpfte sie sich den Titel der deutschen Jugendmeisterin. Inzwischen wurden die für Frauen erlaubten Distanzen immer länger, und die junge Christa wählte stets die längste.

▲ 1975 und 1977 stellte Christa Vahlensieck jeweils eine neue Weltbestzeit über die Marathondistanz auf.

Als in Waldniel 1973 der erste Marathonlauf nur für Frauen durchgeführt wurde, war Christa Vahlensieck mit dabei und erreichte in ihrem ersten Lauf über diese Distanz in Europarekord-Zeit von 2:59:25 Stunden das Ziel. 1975 stieg die Läuferin ohne Star-Allüren auf zur überragenden Langstrecklerin der Welt und erreichte in Dülmen mit 2:40:15,8 Stunden eine neue Marathon-Weltbestzeit. Bei der ersten deutschen Marathon-Meisterschaft im gleichen Jahr war Christa natürlich mit dabei und holte den Titel in 2:45:43 Stunden. 1977 bei der dritten deutschen Marathon-Meisterschaft wurde Christa Vahlensieck nicht nur zum dritten Mal deutsche Meisterin, die leichte Läuferin stellte wieder eine hochkarätige Weltbestzeit auf: 2:34:47 Stunden.

„Ich führe ein ganz normales Leben, keine Spur von Askese", betont die Power-Frau. „Dabei habe ich nie ganz hart trainiert, das ist mein Erfolgsgeheimnis. Ich hätte durch hartes Training sicher eine bessere Zeit erreichen können, aber dann wäre ich nur zwei bis drei Jahre an der Spitze gewesen." Stattdessen powerte die Liebhaberin klassischer Musik 25 Jahre lang als Leistungssportlerin. Ernst-Andreas Ziegler berichtet im „Spiridon-Laufmagazin" 1988 darüber, welche Folgen eine solch lange Karriere haben kann:

„Ganz normales Leben, keine Spur von Askese."

„Als Christa kürzlich in einem Restaurant einer früheren Bekannten begegnete, fragte die inzwischen rundlich gewordene Dame – mit Blick auf die gertenschlanke Figur ihres Gegenübers – völlig verblüfft: ‚Sie sehen ja aus, als liefen Sie noch immer!' Was jene Frau nicht wusste: Christa und ihr Mann Uli hatten dieses Lokal aufgesucht, um einen erstaunlichen Sieg zu feiern. Christa war einige Stunden zuvor zum 22. Mal Deutsche Meisterin geworden."

Nach ihrem Abschied von der internationalen Marathonbühne hielt Christa sich weiterhin durch Dauerläufe so fit, dass sie aus einem ganz besonderen Anlass noch einmal kurz zurückspringen konnte: Obwohl sie immer beteuert hatte, nicht als Seniorenläuferin an den Start zu gehen, war das 100. Jubiläum des Boston Marathons 1996 Anlass genug, diesen Vorsatz zu brechen. Und sofort trumpfte sie wieder mit einer Topzeit auf: 2:48:20 Stunden als 47-Jährige! Doch dieses Rennen blieb eine Ausnahme.

Wettkampfdurst gestillt – Lauflust ungebrochen

Elf Jahre nach Christas oben beschriebener Restaurant-Begegnung traf ich sie im November 1999. Locker liefen wir gemeinsam 10 km in etwa 45 Minuten, und ich musste an die schon wieder neun Jahre zurückliegende, oben beschriebene Restaurant-Begegnung denken. Die rundliche Dame hätte sich wieder gewundert. Denn Christa Vahlensieck sah immer noch wie eine Leistungsläuferin aus. Logisch, denn Christas Wettkampfdurst ist zwar gestillt. Keineswegs bedeutet das aber, dass die Wuppertalerin die Beine hochlegt. Auch nach Abschluss der Langstrecken-Karriere trabt die Laufbegeisterte weiter. Für den Spaß am Laufen braucht auch eine Läuferin der Extra-Klasse keine Wettkämpfe.

Das Geschäft mit dem Laufen

1898 wurde der erste Marathonlauf in Deutschland ausgetragen. Geld war mit den Läufern noch nicht zu machen. „So klein war die Bewegung, dass es in Groß-Berlin um diese Zeit nur ein einziges Sportgeschäft gab", berichtet der Marathonläufer Hans Borowik aus den Anfangsjahren. In den letzten Jahrzehnten hat sich dies grundlegend verändert.

Je mehr Hobbyläufer ernsthaft trainierten, desto mehr wurde die Laufszene auch zu einem Wirtschaftsfaktor: Joggingschuhe, Laufkleidung, mannigfaches Zubehör, Laufreisen und -seminare, Bücher und Zeitschriften werden mittlerweile auf dem Laufmarkt angeboten.

Dass sich das alles bei einem Cityrennen viel besser vermarkten lässt als beim Lauf durch die Natur, war ein ganz wichtiger Grund für die spektakuläre Aufwärts-Entwicklung der Stadtmarathons. Sponsoren unterstützen eine Laufveranstaltung nur dann, wenn ihr Produktname auch gebührend zu sehen oder zu hören ist. Beim Landschaftslauf kann das in den seltensten Fällen gelingen. Im Zentrum der Städte mit Massen von Zuschauern und bestenfalls Fernsehberichterstattung wird die Botschaft des Sponsors natürlich viel besser transportiert. Die Cityrennen präsentieren sich als eine mal mehr mal weniger gelungene Mischung aus Weltklasse und Breitensport, aus Sport, Show und Kommerz, aus Werbung und internationaler Vermarktung.

Wirtschaftsfaktor Citymarathon

Mehr als 33.000 Teilnehmer am Marathonlauf in Berlin im Jahr 2000 brachten rund 100.000 Besucher in die Stadt. Das sind sogar in einem Touristenmagnet wie Berlin doppelt so viele Besucher wie an einem „normalen Wochenende", ein sich rechnender Faktor für das Hotel- und Gaststättengewerbe. Der Marketing-Experte Dr. Volker Hassemer stellte fest: „Der Berlin-Marathon bedeutet eine Wirtschaftskraft von mehr als 65 Millionen Mark. Noch wichtiger aber ist der Gewinn für Berlin, der dadurch ent-

▶ Die große Konkurrenz zwingt auch auf dem Laufschuh-Markt zu immer neuen Werbe-Ideen. Ob diese Werbung aus dem Jahr 1992 als lustig oder aggressiv einzuschätzen ist, mag der Betrachter selbst entscheiden. Einige Monate später trug diese Anzeige noch einen zusätzlichen Werbeslogan: „Kohl hat einen längeren als Genscher, Genscher hat einen breiteren als Engholm, und der vom Finanzminister liegt irgendwo mittendrin. Der Fuß – so individell wie der Mensch."

Paßt wie angegossen.

Laufschuhe wie Maßschuhe. new balance ***B***

New Balance. Ganghoferstraße 45, D-8031 Gernlinden, Telefon: 0 81 42/2 80 73-75, Fax: 0 81 42/4 06 40. Fordern Sie unseren Händlernachweis an.

steht, dass die Stadt unmittelbar in aller Munde ist. Solche Großereignisse führen zu einem Imagegewinn, der den wirtschaftlichen Gewinn weit übersteigt."

Zwar kommen zur Love-Parade, dem jährlichen Treffpunkt der jugendlichen Raver, noch viel mehr Menschen nach Berlin. Doch hinterlassen die Läufer im Stadtsäckel und in den Kassen der Berliner Kaufleute zählbar mehr Geldscheine. Denn Läufer schlafen nicht im Park.

Die Macht des Geldes bei den großen Marathonrennen zeigt sich exemplarisch am ehrwürdigen Boston-Marathon. Jahrzehntelang lebte Boston von seinem Ruf, ältester regelmäßig durchgeführter Marathon der Welt zu sein. Boston war das Mekka der Marathonläufer schlechthin. Doch die Organisatoren wehrten sich nicht nur mit Händen und Füßen gegen Frauen, die auf historischem Boden die 42,195 km laufen wollten. Starres Festhalten am Althergebrachten galt auch für andere Bereiche. So weigerten sich die Macher strikt, den Siegern Preisgelder zu zahlen. Als Folge blieben die Asse weg und starteten lieber in New York, Chicago oder London. Aber nicht nur die Topläufer blieben beim Traditionslauf aus. Bewarben sich 1982 noch 16.000 Läufer um die 8.000 damals zur Verfügung stehenden Startplätze, sank die Zahl bis 1985 auf 5.000 Marathonläufer. Boston war als Auslaufmodell unterwegs in die regionale Bedeutungslosigkeit.

Diese erschreckende Entwicklung vor Augen versöhnten sich die Marathon-Macher mit den Anforderungen der Gegenwart und nahmen finanzkräftige Sponsoren mit an Bord. Als Preis für das Beisteuern von einer Million Dollar jährlich wurde nun das Ziel vor das Gebäude der John Hancock-Versicherung verlegt. Die Investition dieser „Streckenverlegung" hat sich für alle Beteiligten gelohnt. Seitdem streiten nämlich nicht nur die Spitzenverdiener im Laufsport wieder um Sieg und Prämien in der Hauptstadt von Massachusetts. Gleichzeitig wurde der Boston-Marathon wieder ein „Selbstläufer" mit Massengerangel um die Startplätze. Eine starke Medienpräsenz – angelockt durch die Asse – weckte wieder das Interesse der Läufer. Als 1996 die 100. Auflage des Klassikers anstand, konnte die Rekordzahl von 36.264 Läufern am Start im Stadtteil Hopkington gezählt werden, und 35.868 erreichten das Ziel.

Werbung statt fairer Produktion

Aufgrund des Jogging-Booms in den USA und Europa hat die weltweite Sportschuhbranche enorme Steigerungsraten verzeichnen können. In den siebziger Jahren brachten die technologischen Fortschritte bei der Schuh-Konstruktion und die Entwicklung sportgerechter Funktionskleidung für die Läufer einen spürbaren Vorteil. Doch inzwischen hat sich die Entwicklung ins Gegenteil verkehrt. Eine unüberschaubare Masse an Laufschuhen wird angeboten, die Modellreihen wechseln ständig. Der Überblick im Schuh-Dschungel wird immer schwieriger.

Überproportional gewachsen sind die Unternehmen, die nicht ein Produkt, sondern ein Lebensgefühl verkaufen. Dieses Lebensgefühl muss vermittelt werden. Dazu dienen aufwendige Werbekampagnen. Topstars werden mit Riesensummen gesponsert, der Endverbraucher zahlt mehr für die Werbung als für die Herstellung des Produkts. Denn die Schuhe werden größtenteils für ein paar Mark in Fernost hergestellt. China ist mittlerweile zum weltweit größten Sportschuhproduzenten aufgestiegen. Teilweise katastrophale Arbeitsbedingungen, extrem niedrige Löhne und Kinderarbeit sind hier bei der Laufschuh-Produktion an der Tagesordnung.

Es gibt allerdings inzwischen auch Verbraucherinitiativen, die gegen die Ausbeutung der Herstellerfirmen in Fernost arbeiten und etwas am Saubermann-Image der Sportschuh-Firmen kratzen.

Weltweite Manager-Imperien

Wenn heute die Asse am Start eines Straßenrennens stehen, dann haben sie das in den seltensten Fällen selbst arrangiert. Denn inzwischen ist die Laufszene so professionell und arbeitsteilig organisiert, dass die schnellen Läufer nur noch für das Laufen zuständig sind. Ihnen zur Seite stehen – wie im Showbusiness – professionelle Manager. Die sind prozentual an den Start- und Prämiengeldern ihrer Stars beteiligt. Dafür arrangieren sie die Startgelegenheiten ihrer Schützlinge und führen mit den Veranstaltern die Verhandlungen über das Geld.

Regelrechte Imperien bauten die weltweit erfolgreichsten Lauf-Manager auf. „Global Sport Communication" heißt die Firma von Jos Hermens, dem früheren niederländischen Weltrekordler im Stundenlauf. Auch das Unternehmen seines Kollegen Kim McDonald, die „Kim McDonald International Management"(KIM) klingt nicht nur wie ein ganz normales, an der Börse notiertes Unternehmen. Die Firma KIM, die im Januar 2001 für gut 100 Athleten arbeitete, hat neben dem Stammsitz in London „Filialen" in Boston, Nyahururu in Kenia, Melbourne, Boulder und Stanford (USA). Und dieses weltweit agierende Unternehmen kalkuliert auch wie ein am Börsenbarometer „Nemax" gelisteter Konzern. In junge Talente muss erst einmal kräftig investiert werden: Fluggelder, Unterbringungs- und Lebenshaltungskosten schlagen in der Vorbereitungsphase zu Buche. Mit 20 Prozent seiner Athleten erarbeitet McDonald 80 Prozent seiner Einnahmen.

Im bürokratischen Deutschland gibt es für nahezu alles genaue Regeln, auch für Läufer-Manager. Sie werden vom Deutschen Leichtathletik-Verband registriert. „Wir wollen dadurch die Spreu vom Weizen trennen", erklärt der für die Pressearbeit beim DLV zuständige Eberhard Vollmer. Die jährliche Gebühr für die Lizenz beträgt

1.000 DM. Das muss erst einmal verdient werden. Und so gibt es neben den 33 im März 2001 lizenzierten Managern noch viel mehr, die ihr Geschäft ohne den Segen des Verbandes betreiben. Vor allem im Straßenlaufbereich ist das üblich.

Die Niederlassungen der kleineren, vor allem in Westeuropa agierenden Manager verteilen sich über die gesamte Bundesrepublik. Sowohl für die sportliche Leistung als auch für den Geldbeutel bringt das große Vorteile. Da ihre Athleten meist aus Afrika oder Osteuropa stammen, leben sie über Monate in den deutschen Basislagern. Von dort aus sind die Reisen zu den lukrativen Lauf-Events nicht mehr so weit. Kein Klimawechsel, keine Zeitumstellung belastet die auf Höchstleistung getrimmten Läuferkörper. Aber auch die medizinische Versorgung in Deutschland ist viel besser. Nur im Winter, wenn die Startmöglichkeiten begrenzt sind, leben und trainieren nahezu alle wieder in ihren heimatlichen Gefilden.

Die Meinungen zur Vermarktung der Topläufer sind geteilt. Von neuem „Manchester-Kapitalismus an Sonn-

▲ Schuhe so weit die Wände reichen – für den Laien ist die Vielfalt der Laufschuhe schwer überschaubar. Aber dafür gibt es ja die sachkundige Beratung im Fachgeschäft.

und Feiertagen" und von „Managern in Zuhältermanier" sprach der „Spiegel" 1994 in einer Reportage. Doch ist solch pauschale Abqualifizierung sicher ungerechtfertigt, nur weil es wie in jeder Branche auch hier schwarze Schafe gibt. Man kann sich natürlich über eine immer perfekter kommerzialisierte Laufszene aufregen, aber diese befindet sich nun einmal mitten in unserer an Kommerz und Gewinn orientierten Gesellschaft und wird deshalb selbstverständlich von ihr geprägt. Früher sprach die Leichtathletikwelt von Amateurstatut und Sportlerehre und bezahlte mit schlechtem Gewissen gute Leistungen hinter vorgehaltener Hand. Da ist es ein gewaltiger Fortschritt, diese verlogenen Zeiten überwunden zu haben und offiziell Leistung im Sport mit Geld zu honorieren.

Kenia: Wohlstand durch Laufen

27 Millionen Menschen leben im derzeit erfolgreichsten Läuferland, in Kenia. Die Arbeitslosenquote liegt bei 60 Prozent, das jährliche Pro-Kopf-Einkommen beträgt weniger als 300 US-Dollar. Diesen Betrag kann sich ein guter Läufer bei einem einzigen, nicht einmal wichtigen Rennen in Europa erlaufen. „Sie beobachten es in ihrem eigenen Dorf. Die finanziell erfolgreichsten und angesehensten sind die Läufer. Der Wohlstand dieser Athleten motiviert vor allem die jungen Burschen, es ihnen gleichzutun und ganz auf den Sport zu setzen", erklärt Pater Colm O'Connell, Erfolgstrainer und Leiter der St. Patrick Schule. Das ist die in Europa bekannteste Talentschmiede in Kenias Läuferhauptstadt Eldoret.

Armut und die Vorbildwirkung einiger erfolgreicher Läufer reichen aber noch nicht aus, um die Dominanz der Kenianer in der internationalen Laufszene zu erklären. Die schnellen Kenia-Runner profitieren zum einen davon, dass in ihrem Land das Laufen langer Strecken von frühester Kindheit an immer noch ein fester Bestandteil des Alltags ist. Dazu kommen günstige klimatische Bedingungen in leistungsfördernder Höhenlage und ein inzwischen funktionierendes Sichtungssystem in Kenia, durch das Talente erkannt und auch gefördert

◄ Kipchoge Keino war einer der ersten Läufer aus Kenia, die internationale Erfolge hatten. Hier jubelt er bei der Olympiade 1972 über seinen Sieg über 3.000 Meter Hindernis.

werden. Es sind nicht die genetischen Voraussetzungen, die die schwarzafrikanischen Sportler in der Laufszene dominieren lassen, sondern das knallharte Training und der damit einhergehende Ausleseprozess. Nur die Besten, deren Körper die Belastungen annehmen, können sich behaupten und bekommen die Chance, in Europa, den USA oder Japan für Geld zu laufen. Die angeblich typisch deutschen Tugenden wie Disziplin, Fleiß und Ehrgeiz machen die kenianischen Läufer so schnell und degradieren die Europäer oftmals zu Statisten. Welch riesiges Talentpotenzial in dem afrikanischen Land vorhanden ist, musste der Bronzemedailliengewinner im Marathonlauf von Barcelona, der Cottbusser Stephan Freigang, 1994 erkennen. Zum Abschluss eines vierwöchigen Trainingslagers in Kenia lief er außer Konkurrenz bei den Cross-Meisterschaften Kenias mit. „Ich habe mich nicht geschont", bekannte er – und erreichte als 83. das Ziel! Eine Woche später wurde er mit deutlichem Vorsprung Deutscher Crossmeister.

Heute bestimmen Läufer aus Afrika das Geschehen auf den Tartanbahnen und stehen ebenso bei den Straßenläufen rund um den Erdball ganz oben auf dem Treppchen. Vor allem die Kenianer haben weltweit eine Führungsrolle inne. Aber es ist keineswegs das erste Mal in der Geschichte des Langstreckenlaufes, dass die Läufer eines Landes die Weltspitze dominieren. So prägten die Finnen bis 1936 überlegen das Geschehen. Danach übernahmen die Schweden für ein Jahrzehnt das Zepter. Jetzt ist eben die große Zeit der Kenianer.

· · · · · · · · · · · · Laufen in der Praxis

Ausdauertraining macht fit

Trotz Fitness-Welle, Marathon-Boom und Skater-Bewegung geraten wir Läufer manchmal in einen Erklärungsnotstand: „Warum machst du das eigentlich?" Und wenn ich dem Zweifler dann antworte: „Weil das Laufen mir viel Spaß bereitet", dann kommt gelegentlich ein zweifelndes „Na ja, ich kann mir das nicht so recht vorstellen" als Antwort.

Bewegungsmuffeln ist schwer zu erklären, dass Laufen kurzweilig ist und viel Freude machen kann. Dass es körperliche und seelische Zufriedenheit auslöst, die eigenen Fähigkeiten auszuloten und zu realisieren, wie diese durch regelmäßiges Training immer besser werden, ist eine individuelle Erfahrung, die man selbst machen muss. Besser zu vermitteln, weil wissenschaftlich belegt, sind die gesundheitlichen Folgen des regelmäßig betriebenen Ausdauertrainings.

Dabei ist es nicht entscheidend, welche Sportart betrieben wird. Ob ich laufe, auf dem Mountainbike im Gelände oder auf dem Rennrad über die Straßen fahre, ob ich walke, auf den Skates dahinrolle oder mich auf die Langlaufski stelle, ist völlig egal. Wichtig ist nur, dass ich eine dynamische Muskelarbeit von mindestens 30 Minuten Dauer durchführe. Und das nicht nur als einmaliges, besonderes Happening. So eine Einmal-Aktion bringt nämlich überhaupt nichts. Ausdauertraining muss regelmäßig betrieben werden, d.h. mindestens zweimal in der Woche. Als optimal haben sich drei bis vier Ausdauerbelastungen pro Woche erwiesen.

Eine Einmal-Aktion bringt nichts

▲ Ausdauertraining macht fit und bereitet viel Spaß – egal ob der Lauf zu Hause oder während des Urlaubs stattfindet.

Noch häufigeres Training erhöht zwar die sportliche Leistungsfähigkeit und verbessert die persönlichen Bestleistungen. Doch – auch das muss klar gesagt werden – für die Gesundheit bringt es keinen weiteren Zuwachs, mehr als drei- oder viermal pro Woche zwischen 30 und 45 Minuten zu laufen.

Während Kraft- und Schnelligkeitstraining lediglich Auswirkungen auf den Stoffwechsel der entsprechenden Muskeln haben, werden durch Ausdauertraining darüber hinaus Anpassungserscheinungen von Herz-Kreislauf-System, Stoffwechsel, Nervensystem, Psyche und Immunsystem bewirkt. Der Sportmediziner Prof. Dr. Wildor Hollmann betont, dass „in großen epidemologischen Studien der Harvard-Universität in den USA nachgewiesen werden konnte, dass allein der Faktor ‚Aerobes Ausdauertraining' die Herzinfarktzahl bis zu 50 % reduzieren kann".

Die wichtigsten positiven Effekte eines regelmäßig betriebenen Ausdauertrainings auf den menschlichen Körper sind:

Herz	▷ Senkung des Ruhepulses ▷ Ökonomisierung der Herzarbeit ▷ Zunahme des Herzvolumens ▷ Verbesserung der Sauerstoff-Versorgung des Herzmuskels ▷ Reduzierung von Herzrhythmusstörungen
Arterielles Blutgefäßsystem	▷ Senkung des Blutdrucks ▷ Verbesserung der Blutgefäß-Elastizität ▷ Vorbeugung vor Arteriosklerose
Venöses Blutgefäßsystem	▷ Verbesserung des Blutflusses ▷ Vorbeugung vor Krampfadern ▷ Reduzierung der Thrombosegefahr
Lunge	▷ Verbesserung der Sauerstoffaufnahmefähigkeit ▷ Verbesserte Reinigung von Schmutzpartikeln
Stoffwechsel	▷ Absenkung überhöhter Blutfett-Werte (Cholesterin-Triglyceride) ▷ Ansteigen des „guten" HDL-Cholesterins ▷ Senkung von Übergewicht
Muskulatur	▷ Verbesserte Durchblutung der Muskeln ▷ Schnellere Regeneration ▷ Vergrößerung der Glykogenspeicher in Muskeln und Leber
Nervensystem	▷ Beruhigende Wirkung auf das vegetative Nervensystem ▷ Abbau von Stresshormonen
Psyche	▷ Antidepressiver Effekt ▷ Steigerung des Wohlbefindens
Immunsystem	▷ Stärkung des Immunsystems ▷ Verringerung der Anfälligkeit für Infektionskrankheiten

Trainings-Grundsätze im Ausdauersport

Auch wenn der Spaß im Vordergrund steht, sollte Training ein überlegtes Handeln zur Leistungs- oder Gesundheitsverbesserung sein. Oftmals wird zwar wahllos und ungezielt trainiert, aber das ist überhaupt nicht schlimm. Wer Lust an der Bewegung hat, der kann auch ungezielt und damit uneffektiv trainieren. Doch wer die eigene Leistung ein klein wenig oder ganz mächtig verbessern will, wer gar die eigenen Leistungsgrenzen finden möchte, der muss zumindest in den Grundzügen gezielt vorgehen.

Dazu sollte man sich zunächst einmal die allgemeinen Prozesse verdeutlichen, die bei jedem Training ablaufen. Wer weiß, wie und warum sein Körper auf eine Belastung reagiert, kann die Bedingungen überhaupt erst beeinflussen, die eine Leistungssteigerung möglich machen. Die Grundregeln gelten im übrigen für das Training des Anfängers genauso wie für die absoluten Laufhelden.

Das Prinzip der Superkompensation

Biologisch gesehen ist jeder Trainingseffekt die Reaktion des Körpers auf eine Belastung. Wird der menschliche Körper gefordert, entwickelt er Fähigkeiten, um diesen Anforderungen zu entsprechen. Während der körperlichen Arbeit – in unserem Fall also während des Laufens – setzt eine Ermüdung ein. Ist die Laufbelastung stark genug, bringt sie das biologische Gleichgewicht durcheinander. Nach der Belastung beginnt die Erholung, die Regeneration. Doch gereizt durch die zuvor erlebten Leistungsanforderungen, begnügt sich der Körper nicht mit der Wiederherstellung seiner Kräfte auf den Leistungsstand, auf dem der Lauf begann.

Dieser Trainingsreiz bewirkt eine „Überregeneration", ein Leistungszuwachs stellt sich ein. In den Energiespeichern, den Stoffwechsel- und Regulationssystemen und den Muskelstrukturen des Körpers, wird ein Niveau er-

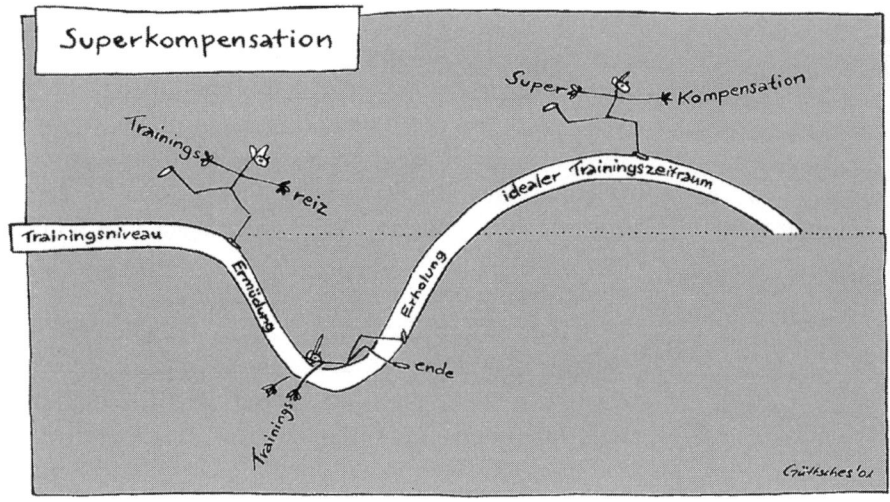

reicht, mit dem die gleiche Belastung beim nächsten Mal einfacher bewältigt werden kann. Diese Verbesserung der Leistungsfähigkeit nennt man Superkompensation oder auch Trainingsgewinn. Der Läufer hat sich also einen höheren Leistungsstand als vor dem letzten Trainingslauf erarbeitet.

So ist das jedenfalls in der Theorie, in der Praxis zeigt sich alles aber ein wenig komplizierter. Der Effekt der Superkompensation macht sich vor allem bei Trainingsanfängern und zu Beginn einer Trainingsperiode stark bemerkbar. Hat der Trainingszustand einmal ein hohes Niveau erreicht, verringert sich der Leistungszuwachs. Irgendwann ist die Grenze erreicht, an dem bestenfalls das einmal erreichte Niveau gehalten werden kann. Ein unendlicher Leistungszuwachs ist im begrenzten System des Körpers eben nicht möglich.

Erholung als Trainingsmittel

Damit die Superkompensation funktioniert, muss der Körper nach der Beanspruchung die nötige Zeit zur Regeneration erhalten. Denn die eigentliche Anpassung, der Trainingseffekt, findet ja in der Regenerationsphase statt. Lauri Pihkala, der Trainer des großen Paavo Nurmi, hat das so formuliert: „Die erste Erfahrung, die man im Training macht, ist ziemlich niederschmetternd. Anstatt ‚die Form' durch die Übung zu verbessern, scheint sie im Gegenteil verschlechtert zu werden, und dies um so mehr, je stärker man sich anstrengt. Diese Erfahrung führt den Athleten an die Schwelle der wichtigsten Trainingsweisheit: Die Form- und Leistungsverbesserung hängt nicht allein von der Übung ab. Das Training besteht nicht nur aus Übung, sondern auch aus der ebenso wichtigen Erholung, die mit der Übung abwechseln muss."

Setzt der nächste Trainingsreiz noch während der Erholungsphase und damit zu früh ein, arbeitet das Prinzip der Superkompensation in umgekehrter Richtung: Zu wenig Erholung sorgt für ein tieferes Ausgangsniveau beim nächsten Training. Wird während der für die Regeneration des Körpers benötigten Zeit sportliche Schwerstarbeit erbracht, ist ein Leistungsabschwung die Folge. Die Stufen der Superkompensation führen nicht in Richtung Leistungshorizont, sondern in den Keller.

Der Körper braucht Zeit

Die Grundregel der Regeneration ist ganz einfach: Der Körper muss ausreichend Zeit erhalten, um sich zu erholen. Je härter und erschöpfender der vorangehende Lauf ist, desto länger dauert die zur Regeneration benötigte Erholungsphase. Unser Körper braucht ganz einfach mehr Zeit, um die entsprechend größere „Unordnung" in seinen Systemen wieder auszugleichen.

Die Regenerationsfähigkeit ist nicht nur individuell von Sportler zu Sportler verschieden, sie funktioniert auch bei jedem einzelnen nicht immer gleich. Die Erholungsfähigkeit wird negativ beeinflusst durch einen schlechten Trainingszustand, aber auch durch Stress, durch Überstunden im Arbeitsalltag, familiäre Probleme und Krankheiten wie Infekte oder Entzündungen.

Positiv auf die Regeneration wirken sich aus:
- ausreichender Schlaf
- sportgerechte Ernährung
- Stretchingübungen, Gymnastik und Massagen
- ein warmes Vollbad
- besonders lockeres Laufen.

◄ Gymnastik- und Stretching-Übungen wirken sich günstig auf die Regeneration aus.

Wer seine Kräfte überschätzt, muss dafür bitter büßen. Solche Erfahrungen machen nicht nur Breitensportler, auch Topläufer bleiben davon nicht verschont. So trat im September 1926 jener finnische Laufstar Paavo Nurmi zu einer Deutschland-Tournee an, der zwei Jahre zuvor bei den Olympischen Spielen die sagenhafte Zahl von fünf Goldmedaillen erkämpft hatte. Wegen einer Magenverstimmung war er nicht topfit. Doch die Rennen waren angesetzt, und so verlor Nurmi am 11.9.1926 in Berlin nicht nur das 1.500-m-Rennen. Otto Peltzer nahm ihm in 3:51,0 auch seinen Weltrekord ab. Statt nun erst einmal auszuruhen und neue Kräfte zu sammeln, stand Nurmi nur einen Tag später schon wieder auf der Aschenbahn. Auch im Rennen über zwei Meilen, umgerechnet 3.218 m, konnte der Ausnahmeläufer, der bis dahin 15 neue Weltrekorde aufgestellt hatte, nur Zweiter in 9:05 Minuten werden.

Ein Tag Pause reichte ihm als Erholungsphase, um in einem 5.000-m-Rennen in Düsseldorf in 14:51,2 Minuten zu siegen. Von Düsseldorf ging es ab nach Dresden zum vierten Wettkampf in nur sechs Tagen.

Man sieht, der umherreisende „Leichtathletik-Zirkus" bei den großen internationalen Meetings ist keine Erfindung der Neuzeit. Nur die Dimension ist heute eine andere. Zur Vollständigkeit: Da ihm keine hochkarätigen Gegner Konkurrenz machten, konnte Nurmi die Tournee mit einem 3.000-m-Sieg in 8:27,6 Minuten abschließen.

Aerobe und anaerobe Energiefreisetzung

Für jede Muskelarbeit, also auch zum Laufen, benötigt man Energie. Diese Energie haben die Muskeln teilweise selbst bevorratet, teilweise erhalten sie die Energie über das Blut. Eine energiereiche Phosphatverbindung, das ATP (Adenosintriphosphat), liefert die Energie, ist der Muskeltreibstoff. Durch Abspaltung eines Phosphatrestes wird die zur Muskelkontraktion nötige Energie frei. Die im Muskel in Form von ATP vorhandene Energiemenge reicht aber nur für 10 bis 15 Muskelkontraktionen, dauert nur wenige Sekunden und bringt uns Langstrecklern also nicht weit vorwärts. Deshalb müssen die ATP-Speicher schnellstmöglich aus den körpereigenen Kohlenhydrat- und Fettspeichern wieder aufgefüllt werden.

Der Energienachschub ist über zwei verschiedene Wege möglich:
1. auf aerobem Weg, das bedeutet mit Sauerstoff,
2. auf anaerobem Weg, also ohne Sauerstoff.

Für den Langstreckler ist die aerobe Energieversorgung die elementare Form, da so über einen langen Zeitraum eine relativ hohe Energiemenge freigesetzt werden kann. In diesem aeroben Stoffwechsel wird die Energie mit Hilfe von Sauerstoff freigesetzt. Dabei werden Fette und Kohlenhydrate verbrannt. Das funktioniert stark vereinfacht so: Wichtigster Brennstoff der Kohlenhydrate ist die Glukose (Traubenzucker). Die Glukose verbindet sich mit Sauerstoff, der über die Atemwege und die Blutbahn zum Muskel transportiert wird. Diese Verbindung wird in der Muskelzelle in Kohlendioxid, das über die Lunge ausgeatmet wird, und Wasser gespalten. Dabei wird Energie in Form von ATP frei.

Schnell verfügbare Kohlenhydrate

Die Kohlenhydrate habe den Vorteil, dass sie schneller verfügbar sind als die Fette. Dummerweise wären die von den Kohlenhydraten gespeisten Glykogenspeicher nach einer gewissen Belastungszeit leer. Deshalb ist es für lange Ausdauerbelastungen nötig, diese möglichst zu schonen, also neben den Kohlenhydraten frühzeitig auch Fett zu verbrennen.

Die Fette werden ebenfalls auf aerobem Weg verbrannt. Sie bestehen aus Glycerin und Fettsäuren, die in den Kohlenhydratstoffwechsel eingebracht und mit den Kohlenhydraten zusammen verbrannt werden. Die Energie aus Fetten kann also nur dann genutzt werden, wenn gleichzeitig mit den Fetten Kohlenhydrate verbrannt werden. Aber zur Fettverbrennung wird sehr viel Sauerstoff benötigt. Deshalb stehen die Fette nur bei geringer Belastungsintensität zur Verfügung, also beim langen, langsamen Lauf. Dafür ist der Energiespeicher „Fettdepot" so groß, dass wir Läufer ihn gar nicht ausschöpfen können.

Je besser der Läufer trainiert ist, desto höher ist der Anteil der Fette an der Energiegewinnung bei gleicher Laufgeschwindigkeit, weil die Energie aus der Fettverbrennung beim Trainierten schneller zur Verfügung gestellt werden kann. Von 40 % beim Untrainierten steigt der Anteil bis über 60 % beim gut geübten Ausdauersportler.

Neben der aeroben gibt es auch die anaerobe Energiefreisetzung. Anaerob bedeutet, dass der Prozess der Energiegewinnung ohne Sauerstoff abläuft. Wenn die aerobe Verbrennung als Energiequelle nicht ausreicht, weil wir nicht genug Sauerstoff aufnehmen können, also die Laufgeschwindigkeit zu hoch ist, dann benutzen die Muskeln den anaeroben Weg. Das ist vor allem im Sprint und auf den Mittelstrecken der Fall und im Endspurt auf den Langstrecken. Ohne Sauerstoffzuführung wird in den Muskelzellen Glukose aus den Glykogenspeichern des Muskels in Laktat (Milchsäure) gespalten, wobei wiederum Energie in Form von ATP frei wird. Das entstehende Laktat ist der Stoff, der bei einer bis an die Grenzen gehenden Belastung die Beine schwer werden lässt und schließlich zum Gehen zwingt.

Optimale Trainingskontrolle

Zum Laufen benötigt man nur ein paar gute Laufschuhe, und schon kann es losgehen. Dieser alte Grundsatz hat auch heute noch seine Gültigkeit. Nur das richtige Schuhwerk ist als Vorsorge vor Verletzungen wirklich unerlässlich. Schon bei der Laufkleidung kann improvisiert werden. Mehr Spaß macht die Lauferei allerdings in einem funktionellen Laufdress.

Schuhe, Trainingsklamotten und eine Uhr, um die Trainingszeit zu überprüfen, das genügte bis vor wenigen Jahren als Ausstattung eines „echten" Läufers. Inzwischen hat sich ein weiteres Instrument zunehmend etabliert: der Herzfrequenzmesser. Auch wenn dieses Gerät kein Wissen über Trainingsgrundlagen ersetzt, ist es ein hervorragendes Hilfsmittel. Mit dem Herzfrequenzmesser kann man die Zahl der Herzschläge EKG-genau messen. Ein Sender, der in einem Gurt über dem Brustkorb untergebracht ist, misst die Pulszahl. Der Läufer kann auf einer Uhr am Arm die Pulswerte direkt ablesen.

Die Bedeutung des Herzfrequenzmessers

Wer kennt sie nicht, die Ungewissheit während des Trainings: Laufe ich jetzt zu schnell oder belaste ich mich nicht ausreichend? Zur Beantwortung dieser Frage steht mit der Herzfrequenzmessung zum ersten Mal ein allgemein zugängliches, objektives Maß für die Intensität der Belastung zur Verfügung. Einige Langstreckler, die es ganz genau nahmen, haben schon früher die Zahl ihrer Herzschläge während des Trainings überprüft: Sie blieben stehen, legten die Hand an die Halsschlagader und ermittelten so den Herzschlag.

Moderne Herzfrequenz-Messgeräte haben gegenüber dieser veralteten Methode einen ganz entscheidenden Vorteil: Sie messen während des Laufens und nicht danach, und sie sind sehr exakt. Auf ihre Angaben kann man sich deshalb als Läufer verlassen. Die Zahl auf der Armbanduhr spiegelt genau die individuelle Trainingsintensität des Augenblicks wider und warnt so vor allem vor zu schnellem Laufen. Seltener erkennt ein Läufer, dass er zu wenig powert. Ein Nachteil des Pulsmessers ist der für einen Einsteiger relativ hohe Preis. Aber gerade für Laufanfänger können die Messergebnisse besonders hilfreich sein. Für ein Modell mit den notwendigen Funktionen (vor allem Durchschnittswert) muss um die 100,– Euro gezahlt werden, also in etwa soviel wie für einen guten Laufschuh. Es empfiehlt sich, den Herzfrequenzmesser im Sportfachhandel zu kaufen, erfahrungsgemäß funktionieren die Billigangebote aus Supermärkten oftmals nicht richtig. Da die besseren Herzfrequenzmesser gleichzeitig als Stoppuhren funktionieren, erübrigt sich durch den Kauf eines Herzfrequenzmessers die Anschaffung einer Uhr.

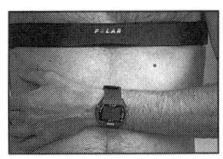

▲ Der Brustgurt misst die Herzfrequenzzahl, die dann auf der Uhr abzulesen ist.

Das Hightech-Gerät misst übrigens nicht direkt die Schläge. Das Herz hat bestimmte Muskelzellen, die in der Lage sind, eigenständig elektrische Impulse zu erzeugen und den Herzmuskel dadurch elektrisch zu stimulieren. Dieses sogenannte Schrittmacherzentrum liegt im Sinusknoten. Die elektrische Spannung ist sehr niedrig, sie liegt im Millivoltbereich. Doch mittels der modernen Errungenschaft des Herzfrequenzmessers sind die Spannungen gut messbar. Wie beim EKG werden die Spannungsschwankungen über Elektroden an der Haut über dem Brustkorb gemessen. Der Schweiß übernimmt beim Läufer die Leitungsfunktion, für die beim EKG Kontaktspray oder Gel sorgen. Das ist auch der Grund, warum manchmal in den ersten Laufminuten die Uhr keine Schläge anzeigt. Man schwitzt einfach noch nicht, es besteht folglich kein Kontakt zwischen Haut und Brustgurt. Die meisten Läufer sorgen für die nötige Feuchtigkeit von Anfang an durch ein wenig auf dem Gurt verteilte Spucke. Wer es ganz hygienisch will, kann sich in der Apotheke auch EKG-Gel besorgen.

Die richtige Trainingsbelastung

Um das Training effektiv zu dosieren, muss ganz individuell für jeden einzelnen Läufer die passende Trainingsbelastung bestimmt werden. Da der Anstieg der Herzfrequenz ungefähr dem Anstieg der Sauerstoffaufnahme sowie dem Energieverbrauch entspricht, ist er ein hervorragendes Maß für die Belastungsintensität.

Dazu muss zunächst einmal die persönliche, maximale Herzfrequenz (HFmax) festgestellt werden. Denn die größtmögliche Anzahl der Herzschläge pro Minute entscheidet allein über die richtige Belastung im Lauftraining. Das überrascht sicherlich viele, die sich zum ersten Mal mit dem Herzfrequenzmesser als Trainingshilfe beschäftigen. Denn allgemein bekannt ist schließlich, dass der Ruhepuls durch regelmäßiges Training sinkt. Das ist fraglos richtig. Doch für die richtige Trainingsbelastung ist die maximale Herzfrequenz der beste Orientierungspunkt.

Die höchste erreichbare Schlagzahl des Herzens ist genetisch festgelegt und lässt sich nicht durch Training nach oben oder unten verschieben wie der Ruhepuls. Sie ist eine Art persönliche Eichzahl, die sich nicht verändert. Lediglich im Alter sinkt sie leicht um etwa ein bis zwei Schläge pro Jahr. Die erreichbare Laufleistung ist nicht abhängig vom Maximalpuls. Das sieht man auch an den großen Unterschieden bei internationalen Spitzen-Marathonläufern. So gab der Belgier Vincent Rousseau – Bestzeit: 2:07:20 – bei einem Ruhepuls von 42 eine HFmax von 185 an. Der italienische Spitzenmarathoner Salvatore Bettiol erreichte bei einem Ruhepuls von 39 eine höchste Schlagzahl von nur 168.

Unsinnige Formeln — Alle Hilfsformeln zur Errechnung der Herzfrequenz in Abhängigkeit vom Alter sind Augenwischerei und ziemlich wertlos! Immer wieder taucht die Formel „220 minus Lebensalter gleich Maximalpuls" in Büchern auf und wird in vielen voneinander abgeschriebenen Artikeln erwähnt. Aber hier steht der Wunsch im Vordergrund, dem Leser eine einfache Formel mitzuliefern. Eine korrekte, zuverlässige Angabe ist eine solche Formel deshalb nicht. Wer sich nach einer Faustregel richtet, kann auch gleich auf einen Herzfrequenzmesser verzichten.

Als Beispiel dafür kann ich meine eigene maximale Herzfrequenz anführen. Nach dem im folgenden beschriebenen 1.000-m-Test liegt sie zur Zeit bei 196 Schlägen. Nach der Altersformel „220 minus Lebensalter" müsste ich theoretisch eine maximale Herzfrequenz von 177 haben. Also liegen 19 Schläge zwischen theoretischem und tatsächlichem Maximalwert. Das sind Welten, wenn es darum geht, das optimale Lauftempo festzulegen!

Gerade genaue Richtzeiten für das Training wollen wir *Herausfinden* ja mit Hilfe des Herzfrequenzmessers bekommen, und die *der maximalen* erhalten wir nur, wenn wir unsere maximale Herzfrequenz *Herzfrequenz* kennen. Die höchst mögliche Schlagzahl ermittelt man, indem man zunächst einmal 20 bis 30 Minuten locker einläuft, ein paar Dehnübungen absolviert und vielleicht noch ein paar Steigerungen anschließt. Dann rennt man 1.000 m „voll Stoff" allein gegen die Uhr. Die letzten 200 m sollten der schnellste Abschnitt sein. Der höchste auf der Uhr angezeigte Wert ist dann die maximale Herzfrequenz. So oft Sie diesen Versuch durchführen, werden Sie also immer den gleichen Maximalwert ermitteln. Von dem festgestellten maximalen Pulswert können Sie jetzt recht einfach Ihre individuellen Trainingsgeschwindigkeiten ermitteln. Die ganz lockeren der Erholung dienenden Läufe sollten Sie mit 55-67% Ihrer maximalen Herzfrequenz laufen, die langsamen Dauerläufe im Bereich 68-79%, die schnellen Dauerläufe mit 80-89% und allein die Tempoläufe oberhalb von 90% der HFmax.

Eine einzige Ausnahme gibt es, bei der statt individueller Ermittlung der maximalen Herzfrequenz die ungenaue Formel „220 minus Lebensalter" zur Festlegung der Obergrenze benutzt werden muss. Anfänger, die durch abwechselndes Laufen und Gehen den ununterbrochenen Dauerlauf erlernen, sollten sich zu Beginn ihrer Läuferkarriere nicht dem 1.000-m-Test aussetzen, der ein gewisses läuferisches Leistungsvermögen voraussetzt. Deshalb richten sich die Anfänger nach der durch die Formel „220 – Lebensalter = HFmax. Mit 68-79% der errechneten maximalen Herzfrequenz wird dann vom Anfänger gelaufen. Um Ihnen eine Übersicht zu geben, welche Herzfrequenz welcher Laufintensität bei den unterschiedlichen maximalen Herzfrequenzen entspricht, habe ich die folgende Tabelle zusammengestellt.

Maximale Herzfrequenz	Regenerativ. Dauerlauf 55-67 %	Langsamer Dauerlauf 68-79 %	Schneller Dauerlauf 80-89 %	Tempoläufe Wettkämpfe 90-100 %
200	110-134	136-158	160-178	180-200
195	107-130	132-154	156-174	175-195
190	104-127	129-150	152-169	171-190
185	102-123	126-146	148-165	167-185
180	99-121	122-142	144-160	162-180
175	96-117	119-138	140-156	158-175
170	94-114	116-134	136-151	153-170
165	91-111	112-130	132-147	149-165
160	88-107	109-126	128-142	144-160
155	85-104	105-122	124-138	140-155
150	83-101	102-118	120-133	135-150

▲ Herzfrequenz-Werte bei verschiedenen Laufintensitäten.

So unterschiedlich kann Laufen sein (2)

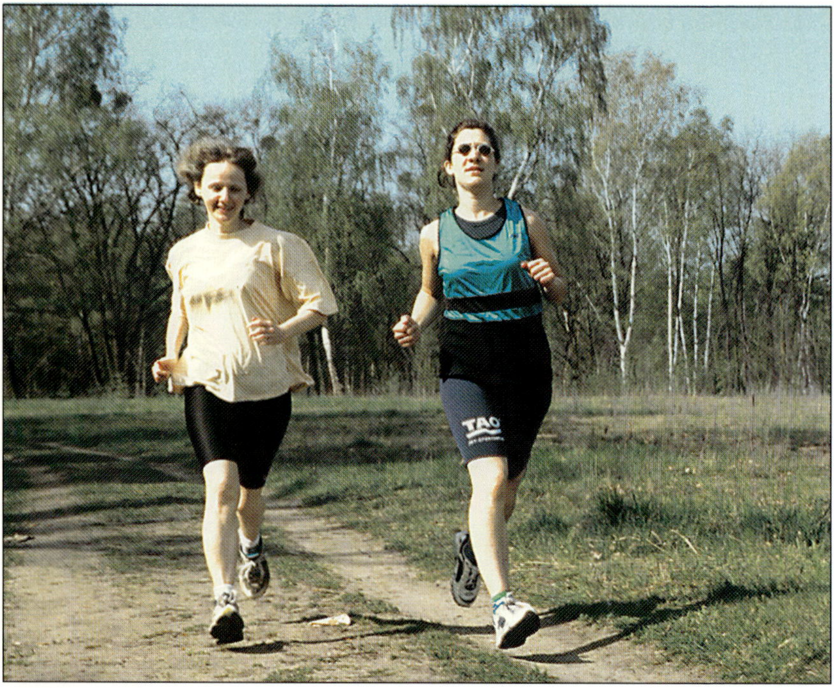
TAO

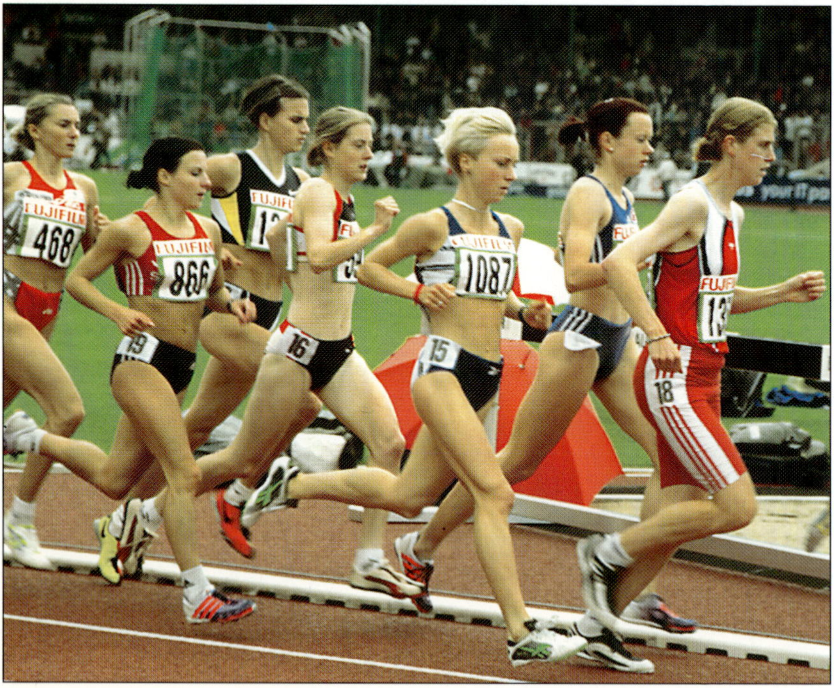
468
866
1087
19
16
15
18

Trainingsmethoden im Wandel der Zeit

Der neuseeländische 5.000-m-Olympiasieger von 1960, Murray Halberg, hat einmal den Wert der verschiedenen Trainingsmethoden relativiert, als er betonte: „Die Methode allein ist nicht ausreichend, die Veranlagung allein auch nicht. Ich selber war ein ganz großes Talent schon in der Jugend. Wahrscheinlich wäre ich auch mit jeder anderen Methode, auch mit dem Intervalltraining, zu meinen Erfolgen gekommen. Besonders wichtig ist der Glaube an den Trainer oder an eine bestimmte Trainingsmethode. Denn dieser Glaube mobilisiert im Sportler alles, was in ihm steckt. Und wenn dieser feste Glaube das Training beflügelt, dann darf diese Methode meines Erachtens sogar ein klein wenig falsch oder nicht die ökonomischste sein, denn alles wird ausgeglichen durch den größeren Einsatz im Training, durch den größeren Antrieb zur Leistungsentwicklung."

Den Glauben an sich selbst oder an den Trainer hatten sicher all die großen Läuferhelden. Trotzdem lässt sich eine Weiterentwicklung der Trainingsmethoden ganz deutlich aufzeigen, die schließlich zu immer neuen Weltrekorden geführt hat. Allerdings wurden diese Leistungsverbesserungen nicht nur durch Optimierung des Trainings erreicht. Auch die ständige Verbesserung der allgemeinen Lebensbedingungen wie Ernährung, Wohnverhältnisse und Reisemöglichkeiten haben ihren Anteil daran, dass bislang auf den Mittel- und Langstrecken kein Rekord ewig hielt.

Die Anfänge des Lauftrainings

Dauerlauf mit Marschtraining – so sah das Trainingssystem der englischen Berufsläufer im 18. Jahrhundert aus. Die sogenannten „Peds" legten ein langsames, gleichmäßiges Tempo vor und ihre Trainingseinheiten waren recht lang. An diesem Training orientierten sich viele europäische Läufer vor dem Ersten Weltkrieg. Dazu gehörte

▲ Olympisches
Marathon-Drama
1908: Der Italiener
Pietri erreicht das
Ziel, von Helfern
gestützt – und wird
deswegen disquali-
fiziert.

Trainingstipps
aus Amerika

auch der Italiener Dorando Pietri, der 1908 als erster über die Ziellinie des olympischen Marathonlaufes von London lief. Vorbereitet hatte er sich, indem er gleichförmig jeden zweiten Tag zwischen 16 und 32 Kilometer lief. Doch nicht wegen seines für diese Zeit typischen Trainings ist Dorando Pietri noch heute bekannt, sondern wegen des spektakulären Finales beim Olympiamarathon 1908. Die ersten 41,84 km bewältigte er in 2:45 Stunden. Für die letzten 355 m im Stadion benötigte er 9:46 Minuten. Fünfmal stürzte er zu Boden, rappelte sich aber immer wieder auf. Kurz vor dem Ziel stützten ihn zwei Helfer und halfen ihm über die Ziellinie. Das Bild voller Dramatik, das den völlig ausgelaugten Läufer kurz vor der Ziellinie im Wembley-Stadion zeigt, ging um die Welt. Wegen unerlaubter fremder Hilfeleistung wurde er disqualifiziert.

Die amerikanischen Universitäten übernahmen die Methoden der Engländer in den letzten Jahrzehnten des 19. Jahrhunderts und fügten als neues Element sehr erfolgreich das Tempolauftraining hinzu. Damit erzielten die Berufsläufer in Amerika schon vor dem Ersten Weltkrieg erstaunliche Zeiten bei ihren Darbietungen. So lief William Kolehmainen 1912 die Marathondistanz auf der Bahn in 2:29:39 Stunden. Offiziell wird diese Zeit nirgends vermerkt, da sie von einem Profiläufer erzielt wurde. Die Amateure benötigten auf der Straße mehr als ein Dutzend Jahre länger, um einen so hochkarätigen Rekord aufzustellen.

In den olympischen Annalen ist der Name Kolehmainen dennoch zu finden. Denn der in die USA ausgewanderte Profi William hatte einen jüngeren Bruder Hannes, der weiterhin in Finnland lebte. In Trainingsbriefen vermittelte William seinem Bruder die Methoden, nach denen er und andere in Amerika trainierten. Der folgte den Anweisungen genau, gewann 1912 die Goldmedaillen über 5.000 m und 10.000 m und begründete damit die finnische Begeisterung für das Laufen auf den langen Strecken.

Die Tipps und Anweisungen, die William Kolehmainen seinem Bruder nach Finnland schickte, sahen als ers-

tes und wichtigstes Trainingsmittel lange Märsche vor.
Hannes marschierte morgens zusammen mit seinem
ebenfalls läuferisch erfolgreichen Bruder Tatu zwischen
10 und 40 km. Als Tempo werden 7:00 – 7:30 min/km angegeben. Eine lockere Trainingsbelastung also. Nachmittags wurde dann gelaufen, und hier standen auch Tempoläufe auf dem Programm.

Die Geschichten, die das Leben schreibt, ähneln sich. **So trainierten**
Nur die Umstände sind andere. Als ich als Jugendlicher **Nurmi und Co.**
die Leichtathletik-Rundbahn entdeckte, las ich mit Begeisterung jede Zeile in Arthur Lydiards Klassiker:
„Meine Methoden beim Mittel- und Langstreckentraining". Das war 1975. 1912, als Kolehmainen zum Helden der Finnen wurde, las ein gewisser Paavo Nurmi
„Der Wegweiser des Sportlers" des damals sehr bekannten finnischen Trainers Lauri Pihkala. Das war der Beginn der einzigartigen Läuferkarriere des neunfachen
Olympiasiegers. In den ersten Jahren seiner Karriere
folgte Nurmi Pihkalas Anweisungen exakt. Mit zunehmender läuferischer Erfahrung baute er eigene Erkenntnisse ein.

Nach einer ausgeprägten Ruhephase im Winter, an die
sich auch Topläufer wie Nurmi hielten, bildeten lange,
mitunter mehrere Stunden andauernde Märsche durch
die Wälder Finnlands die Ausdauergrundlage. Trainer
Pihkala bekräftigt: „Diejenige Übungsform, jedoch, der
der Läufer den größten Teil seiner Übungszeit widmen
muss, ist das Gehen. Es gibt Langstreckler, deren wö-
chentlicher Trainingsplan zu Beginn der Saison nicht weniger als 100 bis 150 Kilometer Gehen aufweist."

Später bezeichnete Nurmi in der Rückschau den Anteil
des Marschtrainings als viel zu hoch. Allerdings war zu
dieser Zeit ganzjähriges Lauftraining noch weitgehend
unbekannt, die Märsche im ausklingenden Winter unter
diesen Umständen sicherlich ein vergleichsweise guter
Wiederaufbau der Ausdauergrundlage.

In den wärmeren Monaten schlossen die Finnen an
morgendliche Märsche nachmittags Bahntraining oder

Geländeläufe mit einer Länge zwischen 7 und 20 km an. Mit dem Näherrücken der Wettkämpfe traten zunehmend schnelle Läufe auf der Bahn in den Mittelpunkt des Trainings. Diese bestanden aus Sprinttraining von 120 bis 200 m Länge oder aus Tempoläufen mit Abschnitten zwischen 300 m für Mittelstreckler und 1.000 m für Langstreckler im angestrebten Renntempo. Aber auch längere Abschnitte im Renntempo waren zu absolvieren. Nurmi kontrollierte die eigenen Läufe sehr exakt mit der Stoppuhr. Aber nicht nur die Tempoläufe. Auch bei den Wettkämpfen stand er mit Stoppuhr an der Startlinie und vertraute im Hinblick auf die Zwischenzeiten nur seiner eigenen Uhr.

Die Neuerung aus Schweden

Während sich die finnischen Langstreckler der ausgehenden dreißiger Jahre immer mehr dem Diktat der Stoppuhr unterwarfen, entwickelte sich im Nachbarland Schweden eine ganz neue Trainingsmethode. Der schwedische Reichstrainer Gösse Holmer und der durch seine Sportschule Valadalen bekannt gewordene Laufexperte Gösta Olander entwickelten das Fahrtspiel, in Schweden Fartlek genannt. Auf der Grundlage der Individualität jedes Läufers propagierten sie das Laufen nach Gefühl auf weichen Böden in der Natur.

Spiel mit der Geschwindigkeit

Dabei umfasst das Fahrtspiel im Prinzip alle Tempovarianten vom schnellen Marschieren bis zum Sprint. Langsames Traben im Wechsel mit kurzen schnellen Abschnitten, steile Hügelläufe und lange Berganläufe standen auf dem Programm. Kein strenges Diktat von Zeiten und Stoppuhr herrschte, sondern das Spiel mit der „Fahrt", also der Geschwindigkeit. Statt ausgetüftelter Tempovorgaben gab das Gefühl des Läufers für die eigene Stärke den Takt vor.

„Erfinder" Gösse Holmer formulierte das so: „Ich wollte den Läufern mehr Freiheit geben in der Eigengestaltung ihres Trainings. Ich wollte es ihnen ermöglichen, mehr Verständnis und Einblick in das Wesen des Trainings zu gewinnen und sie damit in den Stand versetzen, das Training mehr nach der eigenen Individualität aufzubauen." So modern sich diese Begründung anhört, so aktuell ist auch heute noch die Methode des Fahrtspiels. Der zeitliche Umfang des im Gelände durchgeführten Laufes lag zwischen ein und zwei Stunden.

Unter der Führung von Gösta Olander lief Gunder Hääg mit diesem System zu einer Form auf, die ihn befähigte, 1942 in 82 Tagen zehn Weltrekorde auf allen Distanzen von 1.500 m bis 5.000 m aufzustellen. Nur sein Landsmann Andersson konnte ihm Paroli bieten. Internationale Konkurrenz hatten die beiden Schweden keine, auch deshalb, weil diese Zeiten mitten im Zweiten Weltkrieg gelaufen wurden. In Schweden war das möglich, da dieses Land neutral war und nicht direkt in den Krieg hineingezogen wurde.

Zatopeks Intervalltraining

Emil Zatopek fing mit seinem Lauftraining natürlich nicht bei Null an, sondern durchforstete die Übungsprogramme der Großen vor seiner Zeit. Er orientierte sich zunächst am Training von Nurmi und an den Methoden von Gerschler, der 1939 Rudolf Harbig mit seiner Form des Intervall-Trainings zum 800-m-Weltrekord von 1:46,6 Minuten geführt hatte. Das schwedische Fahrtspiel, die Erfolgsmethode der vierziger Jahre, lehnte Zatopek ab. Der Grund war ein ganz simpler: Zatopek wollte die zurückgelegte Distanz und die dafür benötigte Zeit exakt festhalten.

Der Tscheche, der das ganze Jahr über trainierte, entwickelte eine eigene Form des Intervalltrainings: den Intervalldauerlauf. Dabei lief er vorwiegend 200 bis 400 m lange Tempostrecken, die er durch langsames, meist 200 m langes Weitertraben verband. Diese Pausengestaltung, die aus unserem heutigen Blickwinkel logisch und natürlich erscheint, gestattete keine vollständige Erholung. Zudem erreichte die Zahl seiner Wiederholungen bislang unbekannte Ausmaße.

Zatopeks Intervalltraining war gekennzeichnet von:
– relativ kurzen Tempostrecken (200-400 m)
– kurzen, unvollständigen Erholungspausen
– hoher Wiederholungszahl.

► Emil Zatopek auf
dem Weg zum
Olympischen Sieg
über 5.000 m in Hel-
sinki. Es folgen dem
Superläufer der
Deutsche Herbert
Schade (Nr. 740)
und der Brite Cata-
way (Nr. 180), der
spätere 5.000-m-
Weltrekordmann.
Der Tschechoslo-
wake Zatopek ent-
wickelte eine eige-
ne Form des Inter-
valltrainings, den
Intervalldauerlauf.

Vor allem im Winterhalbjahr gingen Tempo- und Er-
holungsabschnitte fast unmerklich ineinander über. Die
Trainingseinheiten näherten sich dem langsamen, ununterbrochenen Dauerlauf.

Emil Zatopek hielt an seiner Methode des Intervalltrainings als Trainingsgrundlage über die vielen Jahre seiner
Läuferkarriere fest. Jedoch veränderte „Lauffuchs Emil" dabei Intensität und Umfang. Er selbst schilderte ausführlich
sein Training und dessen Veränderungen bei einem Vortrag
vor Sportstudenten in Leipzig im Jahr 1954 und stellte dabei fest, dass sein Training „auf dem Laufen sogenannter
Wiederholungssprints beruht. Mit dieser Methode bereitete ich mich sowohl für meine ersten Starts über 1.500 m,

als auch für den olympischen Marathonlauf vor. Ich habe mich für diese Methode deshalb entschieden, weil sie die Schnelligkeit und Ausdauer, die beiden wichtigsten Eigenschaften eines Mittel- und Langstrecklers, gleichzeitig entwickelt. In den ersten Jahren bevorzugte ich zeitlich längere und langsamer gelaufene Erholungspausen. Die dazwischen gelaufenen kurzen Sprints (vorwiegend 100 m und 200 m) lief ich mit maximaler Anstrengung. In den letzten Jahren bevorzugte ich als Trainingsstrecke die 400 m, die Pausen verkürzte ich auf die Hälfte und lief in den Pausen schneller als früher, um die größtmögliche Ausdauer zu erreichen. Ein weiteres typisches Merkmal meines Trainings ist die systematische Erhöhung des Trainingspensums. Diese Erhöhung erfolgte in dem Maße, wie meine Fähigkeiten durch das Training wuchsen."

Am Ende seiner Karriere kamen bis zu 100 x 400 m am Tag zusammen, und Zatopek lief mit diesem ausdauerbetonten Training 1954 seine persönlichen Bestzeiten über 5.000 m mit 13:57,2 und über 10.000 m mit 28:54,2 Minuten.

Die Karriere des großen Zatopek beweist, dass beim Laufen nicht nur das Talent zählt. Zatopeks Begabung für den Langstreckenlauf war höchstens durchschnittlich, darin sind sich alle Beobachter von damals einig. 1941, mit 19 Jahren, bestritt die „Tschechische Lokomotive" ihr erstes Rennen: 4:26,6 Minuten über 1.400 m. Das entspricht einer 1.000-m-Zeit von nicht einmal 3:00 Minuten, für einen 19-Jährigen ist das wirklich kein Ruhmesblatt.

Nur durchschnittliches Talent

Doch schon ein Jahr später hatte er sich mit 20 Jahren zu durchaus respektablen, aber keineswegs überragenden 4:13,9 Minuten über 1.500 m verbessert. Im Trainingsalltag arbeitete er knallharte Programme ab. Im Rennen stampfte er um die Aschenbahn, das verzerrte Gesicht zeigte, wie sehr er sich quälte. Aber im Ziel hatte er seine viel schöner laufenden Konkurrenten immer klar besiegt.

Der Siegeszug der Dauerlauf-Methode

Mit dem Olympiasieg von Murray Halberg über 5.000 m 1960 wurde mit einem Schlag auch die Trainingsmethode seines Trainers Arthur Lydiard weltbekannt. Lydiard betonte vor allem das Laufen im Sauerstoffgleichgewicht, das aerobe Laufen: „Als erstes müssen Mittel- und Langstreckenläufer sich um eine gute allgemeine Ausdauer bemühen", konstatierte er und fuhr fort: „Es gibt kein wirksameres Trainingsmittel als den langen und langsamen Dauerlauf."

Als Argument dienten ihm auch die Olympiasiege von Peter Snell 1960 und 1964: „Peter war bei den Endläufen in Rom wie auch in Tokio eigentlich der langsamste Mann in diesem 800-m-Rennen, doch besaß er die größte allgemeine Ausdauer und konnte so auf den letzten 100 m sprinten, während seine an sich schnelleren Gegner zu erschöpft waren, um ihre überlegene Schnelligkeit einzusetzen. Snell war ein guter Marathonläufer, was auf seine Rivalen wohl nicht zutraf, und deshalb konnte er sie besiegen." In Rom profitierte der junge Snell sicher auch davon, dass der 800-m-Endlauf das vierte Rennen der Finalisten innerhalb von 55 Stunden war. So war eine viel größere Ausdauer und Härte nötig als für ein einziges 800-m-Rennen.

Genau das gleiche Argument hatte beinahe 40 Jahre zuvor schon der finnische Nationaltrainer Pihkala ins Feld geführt, als er verdeutlichte: „Häufig trifft man die Meinung an, dass beim Langstreckenlaufen Sprintfähigkeit und Spurtfähigkeit ungefähr dasselbe seien, d.h. mit anderen Worten, dass der schnellere 100-m-Mann im Spurt auf jeder Strecke den langsameren schlagen könnte. Das ist ein vollkommener Irrtum. Die Spurtfähigkeit ist mehr eine Sache der Kraft, der Übung und der Energie, als der Schnelligkeit."

1961 lief Peter Snell im Training 2:41 Stunden über die Marathondistanz. Allerdings darf man nicht glauben, der Newcomer Peter Snell hätte seinen Überraschungssieg über den Weltrekordhalter Roger Moens 1960 allein aufgrund seiner guten Ausdauer erreicht. Das System von Lydiard sah eine vorher exakt durchgeplante Periodisie-

▲ Murray Halberg siegte 1960 über 5.000 m – und machte seinen Trainer Arthur Lydiard berühmt.

▲ Arthur Lydiard machte den langen, langsamen Dauerlauf als Trainingsmittel bekannt. Unser Bild zeigt ihn (rechts) in den 90er Jahren im Gespräch mit Buchautor Claus Dahms. Der hatte gerade einen 10-km-Lauf beendet.

rung im Jahreslauf vor. Die verschiedenen Saisonabschnitte galten grundsätzlich für alle Läufer – vom 800-m-Mann bis zum Marathon-Ass.

Den Auftakt bildete das drei- bis viermonatige Crosstraining. Auf wechselndem Untergrund wurde mal schnell, mal locker trainiert und an Cross-Wettkämpfen teilgenommen. Nur für die Straßenläufer folgte eine achtwöchige Phase des Straßenlauftrainings, in der gleichmäßige, relativ schnelle Läufe auf der Straße dominierten. Für Bahn- und Straßenläufer stand dann das sogenannte „Marathontraining" auf dem Programm, dessen Hauptaugenmerk auf der Schaffung einer hervorragenden Ausdauergrundlage lag. Seitdem Lydiards Methoden veröffentlicht wurden, ist der Begriff für den wöchentlich anstehenden Lauf zwischen 32 und 42 km überall in der weiten Läuferwelt bekannt: es ist der „long jog". Danach folgte für die Lydiard-Schüler die Verbesserung von Schnelligkeitsausdauer und Schnelligkeit. Es begann das sechswöchige Hügeltraining zur Ausbildung der Beinkraft und ein zehnwöchiges Bahntraining.

Waren Snell und Halberg die Aushängeschilder für das Trainingssystem Lydiards, so ist das Harald Norpoth für

▲ Dr. Ernst van Aaken war selbst als Läufer aktiv, bis ihn beim Dauerlauf ein Lastwagen anfuhr.

den Trainer, der noch stärker als Lydiard auf die Ausdauer setzte: Dr. Ernst van Aaken. Der im April 1984 verstorbene Landarzt aus Waldniel, einem kleinen Örtchen unweit von Mönchengladbach, führte den Westfalen Norpoth 1964 zur olympischen Silbermedaille über 5.000 m in Tokio.

Doch liegen die Verdienste von van Aaken nicht in erster Linie im Trainieren von Spitzensportlern, sondern in der Propagierung des lockeren Dauerlaufes als Trainingsmittel – und das nicht nur für Topsportler sondern auch für den Hobbyläufer und vor allem für Frauen! Das war vor nur vier Jahrzehnten längst nicht üblich. Erst van Aakens hartnäckigen Initiativen ist es zu verdanken, dass es 1954 (!) für Frauen wieder eine deutsche Meisterschaft im 800-m-Lauf gab, 1957 Waldlaufmeisterschaften für Frauen eingeführt wurden und Frauen seit 1975 auf der Marathonstrecke um nationale Meisterehren laufen.

Die Grundlage des van Aaken'schen Trainingssystems war die Vergrößerung des Sauerstoff-Aufnahme-Vermögens. Denn die Fähigkeit des Körpers, große Mengen Sauerstoff aufzunehmen und zu transportieren, ist entscheidend für die Leistungsfähigkeit auf den langen Strecken. Das ständige Erweitern der persönlichen Dauerlaufgrenze bildete das von ihm propagierte Trainingsziel. Er selbst beschrieb das „Waldnieler Lauftraining der reinen Ausdauermethode" kurz vor seinem Tode so: „Das Training nach der reinen Ausdauermethode geschieht durch tägliche Übung der Ausdauer in einem gewissen steady state, im optimalen Wirkungsgrad der Atmung ohne Anwachsen der initialen Sauerstoffschuld und Milchsäurebildung in einer Pulsfrequenz von durchschnittlich 130/min, durch lange Läufe, zuerst mit Pausen, später kontinuierlich in einer Streckensumme von 10 bis 80 km über eine Teilstrecke, das ganze Jahr hindurch, als Abschluss der langen Läufe mit der Intensität des Renntempos der Rennstrecke."

Formen des Lauftrainings im 21. Jahrhundert

Die unterschiedlichen Arten der Energiebereitstellung des Körpers, beschrieben im Kapitel aerobe und anaerobe Energiefreisetzung, bilden die wissenschaftliche Begründung für recht verschiedene Trainingsgeschwindigkeiten beim Laufen. Die Grundlage des Lauftrainings muss in jedem Fall durch den Dauerlauf gebildet werden. Doch der Dauerlauf ist keine statische Sache. Man kann ihn in so unterschiedlichen Geschwindigkeiten absolvieren, dass völlig andere Körperreaktionen ausgelöst werden.

Die gemächlichste Form des Laufens ist der regenerative Dauerlauf. Er dient zum einen der Wiederherstellung der Leistungsfähigkeit nach harten Belastungen. Daneben ist er aber auch die richtige Geschwindigkeit zum Warm- und Auslaufen vor und nach einer harten Trainingseinheit.

Regenerativer Dauerlauf

Kreislauf und Stoffwechsel werden angeregt, Sauerstoff und Nährstoffe zu den Muskeln transportiert, dort möglicherweise angesammelte Milchsäure abtransportiert. Die Herzfrequenz beim regenerativen Lauf liegt zwischen 55 % und 67 % des maximal möglichen Wertes.

Auch für den ambitionierten Läufer, der eine Zeitlang keinen Sport getrieben hat, ist dieses Tempo der richtige Wiedereinstieg nach Verletzung oder Urlaub. Keine Angst vor langsamen Kilometern, erfolgreiche Läufer praktizieren das auch! So berichtete mir Katrin Dörre, die erfolgreichste deutsche Marathonläuferin aller Zeiten, von ihrem Aufbautraining nach einer Fersensporn-Operation im Jahr 2000: „Angefangen habe ich das Laufen wieder mit ganz langsamen Läufen. Das Tempo lag dabei bei fast sechs Minuten pro Kilometer." Sechs Minuten pro Kilometer! Bei einer Marathon-Bestzeit von 2:24:35 Stunden lief sie diese regenerativen Einheiten 70 % langsamer als beim Marathonrekord. Rechnen Sie das doch mal auf Ihre Marathonbestzeit um!

Langsamer Dauerlauf

Die Grundlagenausdauer, die vor allem durch den lockeren, langsamen Dauerlauf ausgeprägt wird, ist für alle Ausdauersportler die wichtigste Trainingskomponente. Für den Hobbysportler ist das lockere Dauerlaufen der Bereich, in dem die Gesundheit gefördert wird. Bei den Leistungssportlern sorgen die so absolvierten Kilometer für die entscheidende Leistungsgrundlage, nämlich eine hohe aerobe Kapazität.

Die Bereitstellung der für das Laufen benötigten Energie erfolgt überwiegend über den Fettstoffwechsel. Geringe Intensität und überwiegend große Streckenumfänge kennzeichnen diesen Trainingsbereich. Gelaufen wird in einem Pulsbereich zwischen 68 % und 79 % des Maximalpulses, und die Dauer der Läufe kann zwischen einer halben Stunde und mehreren Stunden liegen.

Schneller Dauerlauf

Mit Schlagzahlen zwischen 80 % und 89 % der maximalen Herzfrequenz wird beim schnellen Dauerlauf, auch Tempodauerlauf genannt, gelaufen. Sowohl Fett- als auch Kohlenhydrat-Stoffwechsel werden beansprucht und trainiert. Je größer die Belastung ist, desto mehr nähert sich der Läufer der aerob-anaeroben Schwelle. Die aerob-

109

anaerobe Schwelle ist der Punkt, an dem der Organismus bei einer ansteigenden Belastung von einer überwiegend aeroben auf eine anaerobe Energiebereitstellung umschaltet. Das Laufen an dieser Schwelle bewirkt beim leistungsorientierten Läufer einen hervorragenden Trainingseffekt. Allerdings ist die Gefahr auch sehr groß, zuviel des Guten zu tun. Der Tempodauerlauf kann zwischen 5 und 20 km lang sein, ist aber nur gut trainierten Ausdauersportlern zu empfehlen.

◄ Bild Seite 108: Die Grundlagenausdauer wird durch den Dauerlauf gebildet. In einer größeren Trainingsgruppe fällt das leichter als alleine.

Das Fahrtspiel hat seit seiner Erfindung in den ausgehenden dreißiger Jahren in Schweden nie an Attraktivität verloren. In der traditionellen Form orientieren sich die Belastungen an den Vorgaben des Geländes und an Lust und Spaß des Läufers. Bergan-Passagen werden genutzt, um den Puls hochzutreiben, bergab geht es zur Erholung und zur Schonung der Gelenke locker zu. Einzeln stehende Bäume oder andere Markierungen werden genutzt, um Anfang und Ende eines zügigen Abschnitts für sich selbst festzulegen. Steigerungsläufe sind eine weitere Möglichkeit. Matsch-, Sand- oder Kiespassagen können gut ins Fahrtspiel eingebaut werden, um die Belastungen zu variieren.

Fahrtspiel

Daneben hat sich das Fahrtspiel mit vorher festgelegten Belastungsabschnitten etabliert. Hier ersetzt die Stoppuhr die Beanspruchungen durch Vorgaben des natürlichen Terrains. Diese Art des Fahrtspiels ähnelt sehr einem in den Dauerlauf integrierten Intervalltraining. Zwei Vorteile hat diese Form des Fahrtspiels: Erstens kann man sie auch dort durchführen, wo man kein abwechslungsreiches Gelände vorfindet. Zweitens ist eine solche Belastung einfacher messbar und damit im Trainingsbuch klarer zu dokumentieren.

Wer an Wettkämpfen teilnehmen will, muss auch die Geschwindigkeit einüben, die er dort von seinem Körper fordert. Er muss die wettkampfspezifische Ausdauer trainieren. Intervall- und Wiederholungsläufe prägen dieses Training, das aber nur für den Leistungssportler interes-

Intervall- und Tempoläufe

sant ist. Dem Gelegenheits- und Hobbyläufer bringen solche Einheiten, gelaufen mit über 90% der maximalen Herzfrequenz, nichts. Erst auf einer guten Trainingsgrundlage aufbauend können Intervall- und Tempoläufe ihre Wirkung zeigen. Hier erfolgt die Energiebereitstellung anaerob über den Kohlenhydratstoffwechsel.

Beim von Zatopek entwickelten extensiven Intervalltraining wechseln intensive und weniger intensive Abschnitte ab. Die Belastung ist so gewählt, dass sie häufig wiederholt werden kann. Zwischen den Tempoabschnitten liegen Trabpausen. Typisch für einen 5.000-m-Läufer sind Abschnitte von 15 x 400 m mit ein bis zwei Minuten Trabpause dazwischen.

Beim intensiven Intervalltraining ist das Tempo höher, die Pausen länger. Dadurch wird vom Körper ein größerer Anteil an anaerober Energiebereitstellung verlangt, es kommt zu einer stärkeren Übersäuerung der Muskeln. Der 5.000-m-Läufer wird hier beispielsweise 6 x 800 m laufen.

Crescendo-Lauf

Ganz auf schnelles Laufen mussten auch die Anhänger des Dauerlauf-Papstes Dr. van Aaken nicht verzichten. Denn van Aaken entwickelte das Trainingsmittel des Crescendo-Laufes. Darunter versteht man einen Steigerungslauf, der als Dauerlauf begonnen und im letzten Drittel immer schneller gelaufen wird. Das Tempo kann dabei bis an das angestrebte Wettkampftempo heranreichen. Probieren Sie den Crescendo-Lauf mit Hilfe eines Herzfrequenzmessers einfach mal aus, das macht viel Spaß und bringt Abwechslung in den Trainingstag. Suchen Sie sich eine 3 km lange Rundstrecke und fangen mit einer Runde im erholsamen Tempo von gut 100 Pulsschlägen an. Dann folgt die zweite als langsamer Dauerlauf mit vielleicht 130, die dritte im schnellen Dauerlauftempo mit 80% der maximalen Herzschlagzahl und eine vierte im Tempodauerlauf von 85%. Wenn sie jetzt noch eine Runde ganz locker auslaufen, haben Sie 15 km gelaufen, eine harte Einheit absolviert und trotzdem nicht überzogen.

◄ Berganläufe sind eine gute Alternative zum Intervalltraining.

Steigerungsläufe

Wie der Crescendo-Lauf ist auch der Steigerungslauf eine ganz und gar nicht geheime „Geheimwaffe" von Dr. van Aaken gewesen. Kurze Steigerungsläufe haben sich als ein hervorragendes Mittel zur Entwicklung der Schnelligkeit herausgestellt. Dabei wird eine Strecke von rund 70-90 m aus dem Dauerlauf-Tempo heraus begonnen und die Laufgeschwindigkeit kontinuierlich bis ins Sprinttempo gesteigert. Es ist besonders wichtig, stets locker zu bleiben und nicht zu verkrampfen. Für den Langstreckler hat es sich bewährt, 3 bis 5 Steigerungsläufe an einen lockeren Dauerlauf anzuschließen.

Hügel-Training und Berganläufe

Hügel- und Berganläufe sind eine gute Alternative zum Intervalltraining. Sie haben den Vorteil, dass sie eine hohe Kreislaufbelastung erfordern, ein intensives organisches Training bilden und die Muskel- und Kraftausdauer der Beine enorm fordern. Dabei ist die Belastung des Bewegungsapparates deutlich geringer als bei Tempoläufen. Allerdings darf man bergab aus orthopädischen Gründen nur ganz locker laufen.

So einfach kann Laufen sein

Tipps für Anfänger

Jeder kann zum Dauerläufer werden – egal wie alt, wie ungelenk oder wie schwer er beim Einstieg ins Sportlerleben sein mag! Bestes Beispiel dafür ist der deutsche Außenminister Joschka Fischer. Der Grünen-Politiker war dick und fett, dem ausgiebigen Essen und dem Alkohol zugeneigt, als er sich im September 1996 auf den Weg ins Läuferdasein begab. „Ich hatte Herzstiche und wurde nachts davon wach", beschreibt er diese Situation. 109 Kilogramm zeigte die Waage. Nur zehn Monate später war der dickste Brocken geschafft, Joschka hatte sich durch 30 Kilo Gewichtsverlust eine Läuferfigur erarbeitet. Und er lief so gut, dass er im April 1998 seinen ersten Marathon in der wirklich respektablen Zeit von 3:41 Stunden bewältigte.

Jeder kann zum Läufer werden

Aber der sportliche Weg muss ja nicht unbedingt in zwei Jahren von starkem Übergewicht direkt zum Marathon führen. Für ein solches Ziel muss man – wie Fischer es gemacht hat – das gesamte Leben komplett umkrempeln, angefangen von der Ernährung über das Ablegen ungesunder Lebensgewohnheiten bis hin zum fast täglichen Lauftraining. Konzentrieren wir uns deshalb auf einen Weg, der weniger von Askese und Verzicht als vom Spaß am Joggen und an der Bewegung geprägt ist.

Das größte Hindernis auf dem Weg vom Anfänger zum „echten" Läufer ist das Tempo. Immer wieder vergeht Anfängern die Lauflust wegen ihres viel zu hohen Lauftempos. Und das ist – leider – schon seit vielen Läuferge-

Anfängerfehler vermeiden

nerationen der Fall. Wer ausgepumpt und nach Atem ringend stehen bleiben muss, der ist falsch gelaufen! Dabei ist diese Erkenntnis wirklich nicht neu: „Man muss sich darüber im klaren sein, dass das Tempo und nicht die Strecke die Läufer zum Aufgeben zwingt", betonte der berühmte australische Trainer Arthur Lydiard 1969. Langsames Laufen ist keine Schande. Im Gegenteil!

Wie gut und wichtig gerade das sehr langsame Lauftraining ist, wussten auch die Trainer in den ersten Jahrzehnten des zurückliegenden Jahrhunderts. So beschreibt Martin Brustmann 1920 in „Olympisches Trainerbuch" den Schwitzmarsch als hervorragendes Mittel, um „Herz und Lunge und die übrigen inneren Organe" im Frühjahr auf die Leichtathletik-Saison vorzubereiten.

Brustmann schildert nichts anderes als schnelles Walking oder ganz langsames Laufen, wenn er schreibt: „Solange die Witterung noch kühl und unberechenbar ist, bleibt das Gehen, und zwar am besten in der Form des sogenannten Schwitzmarsches, die beste Übung des Vortrainings. Führe deine Leute zu einem Spaziergang in strammem Tempo hinaus in die freie Natur, am besten abends, wenn es schon dunkel ist. Es ist außerordentlich reizvoll, auf dunklen, einsamen Straßen in vergnügter Gesellschaft zu marschieren. Alle Sinne sind wach und gespannt, und selbst die ödeste, langweiligste Gegend wird durch die Dunkelheit, die alle Konturen verwischt, alle Linien verschwimmen lässt, reizvoll und anstrengend und gestattet der Phantasie freigiebig den weitesten Spielraum. Die Schnelligkeit des Schrittes steigerst du allmählich und sorgst dafür, dass nach 10 bis 15 Minuten deine Leute gut in Schweiß gekommen sind, ohne aber durch Stiche und dergleichen Unannehmlichkeiten belästigt zu werden. Ein Tempo von 9 bis 10 Kilometer in der Stunde ist dafür ganz gut brauchbar. Den Marsch dehnst du am besten das erste Mal nicht über 1½ Stunden und später nicht über 2½ Stunden aus, außer, wenn es sich um die Vorbereitung von Gehern oder Langstreckenläufern handelt, die ein gut Teil von dieser Anstrengung mehr vertragen müssen."

◄ Wer sich verbessern will, muss regelmäßig laufen.

Wer sich verbessern will, muss regelmäßig laufen. Denn nur wenn alle drei bis vier Tage ein Erinnerungsreiz erfolgt, laufen die Anpassungsprozesse im Körper ab, die zur angestrebten Verbesserung der körperlichen Konstitution führen. Das ist der Grund, warum mancher jahrelang einmal wöchentlich läuft und einfach nicht besser wird. Bis zur nächsten Trainingseinheit hat der Körper die Belastungsreize der letzten Woche schon wieder vergessen. Erwarten Sie jedoch nicht gleich in der zweiten Laufwoche die ganz großen Erfolgserlebnisse. Ausdauer ist eben nicht nur während des aktiven Laufens gefragt. Ein wenig Ausdauer muss in die mentale Einstellung während der ersten Laufwochen investiert werden. Aber nach zwei bis drei Monaten sind die Verbesserungen schon sehr deutlich spür- und messbar.

In den ersten Wochen und Monaten unterstützt eine gewisse Kontinuität die Stetigkeit der Laufbemühungen. Das hört sich ziemlich altertümlich an, hat aber durchaus seine Berechtigung. Wer immer an den gleichen Wochentagen trainiert – also z.B. Dienstag, Donnerstag und

Regelmäßiges Laufen

Sonntag – der verhindert die oft zu beobachtende schleichende Unterwanderung der guten Vorsätze. Wenn immer dienstags trainiert wird, dann eben auch wenn das Wetter zum Training zu schlecht (Regen, Schnee) oder zu gut (Sonne, Hitze) zu sein scheint. Sinnvoll ist es gerade in der ersten Zeit auch stets zur gleichen Uhrzeit zu laufen. Der Körper gewöhnt sich schneller an regelmäßig einsetzende Anforderungen.

Während Brustmann in den Trainingsempfehlungen aus dem Jahr 1920 von einem gesunden, körperliche Anforderungen im Alltag durchaus gewöhnten jungen Mann ausging, müssen wir heute bei einem Anfänger von anderen Bedingungen ausgehen. Mehr als 80 Jahre später ist in unserer automatisierten und technisierten Welt körperliche Anstrengung sowohl im beruflichen als auch im privaten Leben nur selten nötig. Manch einer hat Jahrzehnte Raubbau an seinem Körper betrieben. So müssen sich viele Laufanfänger erst wieder eine körperliche Grundlage antrainieren, die früher ganz selbstverständlich war.

Die ersten Schritte

Am besten erreicht wird dieses Fitness-Level durch einen ständigen Wechsel von Laufen und Gehen. Der Anfänger verfügt im Vergleich zum trainierten Läufer über kleinere Kohlenhydrat- und Fettsäurespeicher in der Muskulatur. Er besitzt also nur geringe Energiereserven. Deshalb sollte er diese nicht durch schnelles anaerobes Laufen verpulvern, sondern sparsam mit ihnen umgehen. Dafür ist ganz langsames Traben und Gehen genau die richtige Mischung. Keine Angst vor abschätzigen Blicken anderer. Wer so guckt, hat ganz einfach keine Ahnung! Je öfter Sie laufen, um so mehr summieren sich die gelaufenen Meter und Minuten. Die Zahl der Geh-Minuten wird immer kleiner.

Das folgende Programm, das auf einem ständigen Wechsel zwischen Laufen und Gehen beruht, bringt Sie in zehn Wochen auf eine Laufleistung von 30 ununterbrochen gelaufenen Minuten. Jede Trainingseinheit dauert eine runde halbe Stunde, ist also für jeden in den Tagesablauf zu integrieren. Jede Woche sollte drei- bis höchstens viermal das jeweilige Programm absolviert werden.

Die Laufminuten sollten Sie langsam und locker, die Gehminuten zügig absolvieren. Sie werden staunen, so riesig ist der Unterschied gar nicht! Locker ist das Laufen, wenn Sie sich ohne Probleme dabei unterhalten können. Atemnot darf in keinem Fall aufkommen, denn das Training für Anfänger soll ja einzig und allein die Grundlagenausdauer durch Laufen im Sauerstoffgleichgewicht verbessern. Wer einen Herzfrequenzmesser besitzt, sollte immer unter 80 % der maximalen Herzschlagzahl bleiben.

Schreiben Sie schon in dieser Phase die gelaufenen Minuten in einen kleinen Kalender – ganz so wie es auch die Profis in ihrem Trainingsbuch machen. Es motiviert ungemein, zu sehen, wie viele Minuten man schon wieder geschafft hat. Daneben ist es eine hervorragende Kontrolle, ob und wie die sportlichen Planungen umgesetzt wurden. Und das schlechte Gewissen darf sich ruhig ganz laut melden, wenn am Laufsonntag plötzlich die Trainingseintragung fehlt, nur weil es wie aus Kübeln gegossen hat.

Nach zehn Wochen können Sie ein Dauerläufer sein! Halt, stopp, mit dem Lesen allein ist die Wandlung zum Dauerläufer noch nicht geschafft. Schon Goethe erkannte in „Wilhelm Meister" richtig: „Es ist nicht genug, zu wissen, man muss es auch anwenden. Es ist nicht genug zu wollen, man muss es auch tun."

Trainingsprogramm für Anfänger

1. Woche:	2 min Laufen	1 min Gehen	–	9 Mal	=	27 Minuten
2. Woche:	3 min Laufen	1 min Gehen	–	7 Mal	=	28 Minuten
3. Woche:	3 min Laufen	1 min Gehen	–	8 Mal	=	32 Minuten
4. Woche:	4 min Laufen	1 min Gehen	–	6 Mal	=	30 Minuten
5. Woche:	6 min Laufen	2 min Gehen	–	4 Mal	=	32 Minuten
6. Woche:	8 min Laufen	2 min Gehen	–	3 Mal	=	30 Minuten
7. Woche:	10 min Laufen	2 min Gehen	–	3 Mal	=	36 Minuten
8. Woche:	10 min Laufen	1 min Gehen	–	3 Mal	=	33 Minuten
9. Woche:	15 min Laufen	2 min Gehen	–	2 Mal	=	34 Minuten
10. Woche:	30 Minuten lockerer Dauerlauf					

Jede Woche 3- bis 4-mal das jeweilige Wochenprogramm absolvieren.

Gewichtsreduzierung als Motivation

Das Körpergewicht spielt eine wichtige Rolle beim Laufen und bei der Motivation zu laufen. „Ich will abnehmen" ist immer noch eine der häufigsten Begründungen für das Laufen. Es sind die Anfänger, die den Schritt zum Laufen mit dem erhöhten Kalorienverbrauch begründen. Wer bereits lange Jahre läuft, der sieht dagegen den Vorteil eher im Lustgewinn durch die Bewegung als im Abnehmen.

Aber selbst für heutige Topläufer war Angst vor Übergewicht eine Motivation für den Start ins Läuferleben. So berichtet der laufende Arzt Dr. Dieter Kleinmann: „Ganz früher war meine Tochter Larissa so ein richtiges Fernsehkind. Sie wollte immer nur vor dem Fernseher hocken und Kindersendungen sehen. Da habe ich ihr ein Fernsehbild von einem ganz dicken Baby gezeigt und gesagt: So siehst du bald aus, wenn du nur rumhockst. Da hat sie sich so erschrocken, dass sie immer zwischen den Sendungen einmal um den Block gelaufen ist. Das waren so 850 m."

Inzwischen studiert Larissa Kleinmann in den USA, trainiert täglich viele Kilometer und startet erfolgreich für einen Universitätsclub. Sie wurde Deutsche Jugendmeisterin, mit der Juniorenmannschaft Europameisterin und lief im Jahr 2000 die 10.000-m-Distanz in 33:20,75 Minuten, eine Leistung die ihr Platz fünf in der DLV-Jahresbestenliste einbrachte.

Die Gewichtsformeln

Schlagworte und Formeln pflastern den Weg über den jede Gewichtsdiskussion führt: Das fängt an mit Übergewicht, Normalgewicht, Sollgewicht, Idealgewicht, Wohlfühlgewicht und endet bei Untergewicht und Magersucht. Formeln sollen helfen, das optimale Gewicht für jeden zu ermitteln. Doch existiert nicht eine anerkannte Formel, sondern verwirrend viele. Deshalb zunächst ein kleiner Führer durch den Formel-Dschungel.

Viele Jahrzehnte lang war die Broca-Formel das Maß aller Dinge beim Gewicht. Sie lautete: Körpergröße in Zentimeter minus 100 = Normalgewicht in Kilogramm. Der französische Arzt Paul Pierre Broca hatte die Formel im 19. Jahrhundert entwickelt. Das war zu einer Zeit, in der sich in Europa das Problem von Übergewicht nicht stellte. Als in den sechziger Jahren die amerikanische Gesellschaft langsam verfettete und in Westeuropa durch Fehlernährung verursachte Krankheiten ebenfalls anstiegen, da wurde eine neue Zielformel entwickelt: das Idealgewicht. Als Idealgewicht galt das Broca-Normalgewicht minus 10 Prozent beim Mann und minus 15 % bei der Frau.

Der Begriff des Sollgewichtes ist flexibler, aber noch viel weniger aussagefähig. Es bezeichnet die Spannbreite, in der das Körpergewicht in etwa liegen sollte und wird berechnet aus Broca-Wert plus bzw. minus 10%. Aber alle bisher angesprochenen Formeln haben als alleinige Grundlagen das Gewicht und die Größe.

Keinen Eingang in diese Formeln fanden die Art des Körperbaus, das Lebensalter und das Verhältnis von Muskeln und Fett. Schließlich wiegen Muskeln mehr als

▲ Laufen ist eine Sportart für (fast) jede Gewichtsklasse.

Fett. Achtung: Wer durch Training an Muskeln zulegt, kann deshalb sogar gegenüber dem vorherigen untrainierten Zustand zunehmen!

In den letzten Jahren hat sich der Body-Mass-Index (kurz: BMI) zur Bestimmung des optimalen Körpergewichts durchgesetzt. Diese Formel ist zwar etwas komplizierter, aber dafür „objektiver".

BMI = Gewicht in Kilogramm dividiert durch Körpergröße in Meter im Quadrat.

Als Beispiel soll ein 1,65 m großer Läufer mit 65 kg Gewicht dienen. Zuerst wird die Körpergröße im Quadrat errechnet: 1,65 m x 1,65 m = 2,72; 65 kg : 2,72 = 23,9.

Was aber bedeutet der so errechnete Wert, in unserem Beispiel 23,9? Diese Zahl, der BMI-Wert, setzt Körpergröße und Körpergewicht ins Verhältnis und wird wie folgt bewertet:

	Männer	Frauen
Untergewichtig:	BMI unter 20	BMI unter 19
Normalgewichtig:	BMI 20-25	BMI 19-24
Übergewichtig:	BMI 26-30	BMI 25-30
Extrem übergewichtig:	BMI über 30	BMI über 30

Die nebenstehende Tabelle zeigt den BMI für Menschen zwischen 1,52 m und 2,00 m Körpergröße und zwischen 50 kg und 100 kg Körpergewicht. Im Schnittpunkt von Körpergröße und Gewicht steht der gerundete Body-Mass-Index. Wer schwerer oder leichter, kleiner oder größer ist, kann seinen Body-Mass-Index mit der oben beschriebenen Formel selber errechnen.

Erfolgreiche Langläufer gehören zu denjenigen Menschen mit einem niedrigen BMI-Wert. Je weniger sie wiegen, umso weniger Gewicht müssen sie über die Strecke schleppen. Dafür ist die neue Weltrekordlerin auf der Marathonstrecke, Tegla Loroupe, ein Beispiel. Die kleine und zart wirkende Kenianerin, ist nur 1,53 m groß und knapp 40 kg leicht. Das ergibt einen BMI-Wert von lediglich 17,1. Jeder Arzt würde also die Kenianerin in die Kategorie „untergewichtig" einordnen. Davon, dass Tegla Loroupe aber trotz ihres geringen Gewichts Kraft und

Body-Mass-Index

Körpergröße in m	50	52	54	56	58	60	62	64	66	68	70	72	74	76	78	80	82	84	86	88	90	92	94	96	98	100
2,00	13	13	14	14	15	15	16	16	17	17	18	18	19	19	20	20	21	21	22	22	23	23	24	24	25	25
1,98	13	13	14	14	15	15	16	16	17	17	18	18	19	19	20	20	21	21	22	22	23	23	24	24	25	25
1,96	13	14	14	15	15	16	16	17	17	18	18	19	19	20	20	21	21	22	22	23	23	24	24	25	26	26
1,94	13	14	14	15	15	15	16	17	18	18	19	19	19	20	21	21	22	22	22	23	23	24	25	26	26	27
1,92	14	14	15	15	16	16	17	17	18	18	19	20	20	21	21	22	22	23	23	24	24	25	25	26	27	27
1,90	14	14	15	16	16	17	17	18	18	19	19	20	20	21	22	22	23	23	24	24	25	25	26	27	27	28
1,88	14	15	15	16	16	17	18	18	19	19	20	20	21	22	22	23	23	24	24	25	25	26	27	27	28	28
1,86	14	15	16	16	17	17	18	18	19	20	20	21	21	22	23	23	24	24	25	25	26	27	27	28	28	29
1,84	15	15	16	17	17	18	18	19	19	20	21	21	22	22	23	24	24	25	25	26	27	27	28	28	29	30
1,82	15	16	16	17	18	18	19	19	20	21	21	22	22	23	24	24	25	25	26	27	27	28	28	29	30	30
1,80	15	16	17	17	18	19	19	20	20	21	22	23	23	24	25	25	26	27	27	28	28	28	29	30	30	31
1,78	16	16	17	18	18	19	20	20	21	21	22	23	23	24	25	25	26	27	27	28	28	29	30	30	31	32
1,76	16	17	17	18	19	19	20	21	21	22	23	23	24	25	25	26	26	27	28	28	29	30	30	31	32	32
1,74	17	17	18	18	19	20	20	21	22	23	24	24	25	26	26	27	28	28	29	30	30	30	31	32	32	33
1,72	17	18	18	19	20	20	21	22	22	23	24	24	25	26	26	27	28	28	29	30	30	31	32	32	33	34
1,70	17	18	19	19	20	21	21	22	23	24	24	25	26	26	27	28	28	29	30	30	31	32	33	33	34	35
1,68	18	18	19	20	21	21	22	23	23	24	25	26	26	27	28	28	29	30	30	31	32	33	33	34	35	35
1,66	18	19	20	20	21	22	22	23	24	25	25	26	27	28	28	29	30	30	31	32	33	33	34	35	36	36
1,64	19	19	20	21	22	22	23	24	25	25	26	27	27	28	28	29	30	30	31	32	33	34	35	36	36	37
1,62	19	20	21	21	22	23	24	24	25	26	27	27	28	29	30	30	31	32	33	34	34	35	36	37	37	38
1,60	20	20	21	22	23	23	24	25	26	27	27	28	29	30	30	31	32	33	34	34	35	36	37	38	38	39
1,58	20	21	22	22	23	24	25	26	26	27	28	29	30	30	31	32	33	34	34	35	36	37	38	38	39	40
1,56	21	21	22	23	24	25	25	26	27	28	29	30	30	31	32	33	34	35	35	36	37	38	39	39	40	41
1,54	21	22	23	24	24	25	26	27	28	29	30	30	31	32	33	34	35	35	36	37	38	39	40	40	41	42
1,52	22	23	23	24	25	26	27	28	29	29	30	31	32	33	34	35	35	36	37	38	39	40	41	41	42	43
Gewicht in kg	50	52	54	56	58	60	62	64	66	68	70	72	74	76	78	80	82	84	86	88	90	92	94	96	98	100

Energie besitzt, konnten sich Zuschauer und Mitläufer beim Berlin-Marathon 1999 überzeugen. Dort lief sie jene 2:20:43, die seitdem als schnellste Zeit der Frauen über die Marathonstrecke unangetastet blieb.

Der Gipfel der Leistungsfähigkeit

Doch sollten Läufer auf keinen Fall versuchen, das Verhältnis von Körpergewicht zur Körpergröße um jeden Preis zu verringern. Denn ab einem bestimmten Punkt führt der Weg unweigerlich bergab, hinein in die Magersucht, und der Stoffwechsel wird ruiniert. Der Gipfel der Leistungsfähigkeit auf den langen Laufstrecken liegt – individuell unterschiedlich – zwischen BMI 18 und 23. Nicht nur erfolgreiche Langstreckler liegen im übrigen in diesem BMI-Bereich. Auch Sprinterkönig Carl Lewis, der in seiner langen Karriere neun olympische Medaillen erkämpfen konnte, kam in seiner aktiven Zeit bei 1,88 m Körpergröße und 78 kg Wettkampfgewicht auf einen BMI von 22,1.

Das Alter, bisher vernachlässigt, spielt bei der Beurteilung des Gewichts ebenfalls eine Rolle. Der ideale BMI, der ein gesundes Körpergewicht anzeigt, verschiebt sich mit den Jahren nach oben:

Alter	Männer	Frauen
35-44 Jahre:	BMI 21-26	20-25
45-54 Jahre:	BMI 22-27	21-26
55-64 Jahre:	BMI 23-28	22-27
über 65 Jahre:	BMI 24-29	23-28

Wer mehr Kilo auf die Waage bringt, verliert an Leistungsfähigkeit. Alle, die für sich einen BMI-Wert errechnet haben, der in die Kategorie übergewichtig einzustufen ist, sollten ernsthaft danach trachten, ihren BMI-Wert zu optimieren. Da sich die Größe nun mal nicht verändern lässt, bleibt nur das Gewicht. Ganz konkret heißt das: Abnehmen!

Laufen als Hilfsmittel

Das Laufen ist eine einfache Möglichkeit, das Gewicht zu reduzieren. Dass und wie man abnimmt, ist im Prinzip schon lange bekannt. So schrieb bereits Philipp Hainz in

seinem 1927 erschienenen Buch „Der Langstreckenlauf":
„Vor Beginn des Trainings befindet sich der Sportjünger
in einem Zustand, in welchem er noch über reichlich Fettpolster verfügt. Wenn nun täglich etwas mehr als 10 Minuten maximale Muskelarbeit ausgeführt wird, so beginnen die Fettpolster allmählich abgebaut zu werden, und
zwar trotz fortgesetzter reichlicher und guter Ernährung."
Was der gute Hainz vor mehr als 70 Jahren festgestellt *Sauna hilft wenig*
hat, gilt heute noch genauso: Beim ausdauernden Laufen
wird Fett abgebaut. Und exakt dieses Fett ist der Stoff, von
dem der übergewichtige Mensch zu viel hat. Nach passi-
vem Abschwitzen in der Sauna oder nach den meisten
Diäten zeigt die Waage zwar ebenfalls kurzfristig weniger
an. Doch wird hierbei lediglich Wasser verloren. Das ist
schnell wieder aufgenommen.

Wie hoch der Kalorienverbrauch tatsächlich beim
Laufen ist, zeigt die folgende Aufstellung. Eine 62 kg
schwere Läuferin und ein 70 kg schwerer Läufer verbrauchen in einer gelaufenen Stunde folgende Kalorien:

Gelaufene Kilometer	62 kg	70 kg
8,5 km/h	502 kcal	567 kcal
10,0 km/h	696 kcal	785 kcal
12,0 km/h	773 kcal	873 kcal
14,0 km/h	848 kcal	957 kcal
16,0 km/h	937 kcal	1058 kcal
18,0 km/h	1037 kcal	1172 kcal

Es gibt ebenfalls eine Formel, nach der der Kalorienverbrauch individuell berechnet werden kann.

Bei einer Laufgeschwindigkeit von 8,5 km in der
Stunde verbrauchen Sie 0,135 Kalorien pro Minute und
kg Körpergewicht.

Bei 10,0 km/h: 0,187 kcal/min/kg
bei 12,0 km/h: 0,208 kcal/min/kg
bei 14,0 km/h: 0,228 kcal/min/kg
bei 16,0 km/h: 0,252 kcal/min/kg
bei 18,0 km/h: 0,279 kcal/min/kg

Um Ihren ganz persönlichen Kalorienverbrauch auf der heimischen Trainingsstrecke zu berechnen, müssen Sie ihre Laufgeschwindigkeit in Stundenkilometern messen oder schätzen. Die der Laufgeschwindigkeit entsprechende Kalorienzahl wird mit der Laufzeit in Minuten multipliziert und das Ergebnis noch einmal mit dem Körpergewicht malgenommen. Also: (kcal x Laufzeit in Minuten) x Körpergewicht = Kalorienverbrauch.

Gewichtsverlust nur durch Fettabbau

Allerdings sollten Sie jetzt nicht zu dem Schluss kommen, je schneller, desto größer ist der Kalorienverbrauch. Also laufe ich möglichst schnell und verliere dadurch möglichst viel Gewicht. Wer abnehmen will, der darf nicht nur irgendwelche Kalorien verbrennen. Ein nachhaltiger Gewichtsverlust ist nur durch Fettabbau möglich, und Fettgewebe wird beim Laufen nur abgebaut, wenn Sie langsam laufen. Das dieser Tatsache zugrunde liegende Prinzip wurde bereits im Kapitel „Aerobe und anaerobe Energiefreisetzung" ausführlich beschrieben.

Training für Freizeitläufer

Wer es mit dem Einsteiger-Programm geschafft hat, ein Dauerläufer zu werden, wer also regelmäßig eine halbe Stunde und länger läuft, dem stehen für seine Läuferzukunft drei Möglichkeiten offen:

1. Die Laufbegeisterung war nur ein Strohfeuer, die Lust vergeht, die guten Vorsätze werden vergessen, die Laufschuhe an den Nagel gehängt. Oder die Zahl der Arbeitsstunden im Beruf wächst so an, dass der Spaß am Laufen mangels Gelegenheit einfach vergessen wird. Schade, kann man da nur sagen, aber auch so etwas gibt's. Ein Trost bleibt: Zwar vergisst der Körper die bereits erarbeiteten Trainingsreize recht schnell, aber Sie können jederzeit wieder mit dem Laufen beginnen. Dann starten Sie einfach erneut mit dem Anfängerprogramm.

Drei Möglichkeiten

2. Das Laufen macht Ihnen Spaß, ist mittlerweile in den normalen Alltag integriert. Jetzt gehören Sie zu den Menschen, die von der neu errungenen Fitness profitieren. Peter Lange, als Geschäftsführer des Düsseldorfer Flughafens ein viel beschäftigter Mann, hat mir das einmal so geschildert: „Sport ist für mich eine Leidenschaft. Aber ich glaube auch, dass das Laufen für meinen Beruf als Manager mehr als nützlich ist. Für mich ist das Laufen eine Energietankstelle und ein wichtiger Faktor im eigenen Stress-Management. Ich bin sicher, dass Fitness sich auch im Job positiv auswirkt." Und man muss selbstverständlich kein gestresster Manager sein, um die vielen positiven Aspekte des Laufens zu merken.

3. Die Laufbegeisterung hat Sie gepackt. Sie sind so fasziniert von den neuen Möglichkeiten des ausdauernden Laufens, dass Sie sich nicht nur mit dem Halten des einmal errungenen Fitnesslevels zufrieden geben. Sie wollen die eigenen Möglichkeiten austesten, herausfinden wie belastbar der eigene Körper ist. Dafür bieten die vielen wöchentlich durchgeführten Volks- oder Straßenläufe eine optimale Möglichkeit.

126

**Etappenziel:
1 Stunde**

Mit der zweiten und dritten Gruppe von Läufern will ich mich in diesem Kapitel beschäftigen – mit denjenigen, die noch keine Himmelsstürmer sind, aber ambitioniert laufen wollen. Eine ganze Stunde ohne Pause locker zu traben ist jetzt das nächste Zwischenziel. Wer beim Training auf dieses Ziel hin unendliche sportliche Quälerei und Mühen befürchtet, der kann sich genüsslich zurücklegen. Bis zur ganzen gelaufenen Stunde ist es gar nicht weit. Denn durch die halbstündige Belastung im Wechsel Laufen und Gehen hat sich der Körper auf eine neue sportliche Ebene begeben. Das Erreichen dieses Niveaus war das wirklich Schwierige. Der Körper musste sich erst an die regelmäßige sportliche Anstrengung gewöhnen. Ab jetzt ist alles leichter!

An den Trainingsgrundsätzen gegenüber dem Anfängertraining ändert sich wenig. Drei Trainingseinheiten in der Woche sollten es sein, vier sind genauso gut. Ganz wichtig ist, dass weiterhin nur der lockere Dauerlauf im Vordergrund steht. „Nicht die Entfernung, sondern das Tempo erschöpft" lautet der Spruch, den jener W.G. George prägte, der 1886 die Meile in der für diese Zeit sagenhaften Weltrekordzeit von 4:12,8 Minuten lief. Allerdings können Sie ab und an schon einmal von den eigentlich noch verbotenen Früchten der verschiedenen Trainingsmittel naschen: Variieren Sie das Tempo etwas, laufen innerhalb der Einheit zwei, drei oder vier Minuten ein klein wenig schneller. Oder sprinten auch mal zu dem schönen Baum, der da in 100 oder 200 m Entfernung steht. Aber kein spezielles Trainingsziel steckt hinter solchen leichten Tempospritzen. Sie sollen den Laufspaß erhöhen, etwas Abwechslung in den Alltag bringen – nur für den, der es mag und nur spielerisch!

Sie werden überrascht sein, wie schnell in dieser Phase Verbesserungen möglich sind. Sind die ersten zehn Einsteigerwochen geschafft, ist jede weitere Steigerung leichter zu erzielen.

Die ersten vierzehn Wochen als „echter Läufer" bis zum Etappenziel des einstündigen Laufens können Sie der folgenden Tabelle entnehmen. In jeder Woche sind

▲ Eine Stunde ununterbrochener Dauerlauf ist ein anspruchsvolles Ziel.

drei Trainingsbelastungen vorgesehen, zwischen jedem Trainingstag sollte mindestens ein Ruhetag liegen. Es wird durchgehend locker und leicht gelaufen. Das bedeutet, dass der Herzfrequenzmesser eine Belastung zwischen 68 % und 79 % vom Maximalpulswert anzeigen soll.

1. Woche:	30 min	35 min	30 min	E
2. Woche:	35 min	40 min	35 min	
3. Woche:	40 min	30 min	40 min	
4. Woche:	30 min	35 min	30 min	E
5. Woche:	35 min	40 min	35 min	
6. Woche:	40 min	45 min	30 min	
7. Woche:	45 min	35 min	45 min	
8. Woche:	30 min	40 min	30 min	E
9. Woche:	40 min	45 min	40 min	
10. Woche:	45 min	50 min	35 min	
11. Woche:	50 min	45 min	50 min	
12. Woche:	35 min	45 min	35 min	E
13. Woche:	50 min	40 min	55 min	
14. Woche:	55 min	30 min	60 min	

E = Einsteigerwoche

„Jeder Jeck ist anders", betonen die Kölner. Man kann eben nicht alle Menschen über einen Kamm scheren – ein Grundproblem beim Aufstellen „allgemeingültiger" Trainingspläne. Die Herzfrequenz hat sich deshalb als hervorragender Gradmesser für die individuelle Leistung erwiesen. Denn hier wird nicht mit absoluten Zahlen gearbeitet, sondern die Vorgabe bezieht sich auf das persönliche Leistungsniveau. Aber nicht jeder Läufer verkraftet Steigerungen des Laufumfangs gleich gut. Deshalb kann es passieren, dass Ihnen das Training in einer Woche extrem schwer fällt. Starten Sie dann in der folgenden Woche bei der letzten mit einem „E" gekennzeichneten Woche. „E" steht für „Einsteigerwoche". So setzen Sie Ihr Training mit dieser etwas geringeren Belastung fort. Der Weg bis zum Ein-Stunden-Läufer dauert ein paar Wochen länger. Doch auch hier ist der passende Spruch nicht weit: „Der Weg ist das Ziel."

Wer trotz gewissenhaften „Ablaufens" dieses Planes noch überschüssige Energien und unbändige Lauflust hat, der kann ohne Probleme noch eine vierte Laufeinheit einbauen. 30 min sollten aber genug sein. Achtung: Die körperliche Verfassung ist nicht immer gleich gut. Stress in Beruf oder Familie, Schlafmangel oder beginnende Erkältungen wirken sich umgehend auf die Laufleistung aus. Wenn das Laufen Mühe macht oder auch keine Lust aufkommen will, sollten Sie ruhig den Lauftrott unterbrechen und mal eine Gehpause mit ein paar Dehnübungen einlegen. Wenn es auch danach nicht besser läuft, brechen Sie ruhig die Laufeinheit ab. Oberstes Gebot muss sein: Das Lauftraining soll Spaß machen!

Der Wettkampf ruft

Wenn Sie eine Stunde ununterbrochen laufen können, haben Sie schon die Stufe der guten, ausdauernden Läufer erreicht. Drei oder vier Einheiten zwischen 30 Minuten und einer Stunde in der Woche reichen völlig aus, um sich fit zu halten. Besser geht es gar nicht mehr, wenn die Gesundheit der Maßstab ist. Auf diesem Fitnessniveau erreichen Sie die optimale Gesundheitswirkung! Doch die Gesundheit muss bei weitem nicht der einzige Grund für das Laufen sein. Schneller oder länger können Ihre Laufeinheiten durchaus noch werden. Dafür will ich im folgenden Anregungen geben. Denn vielen reicht die Fitness jetzt nicht mehr aus, sie wollen mehr!

Die meisten Volksläufe bieten eine Strecke an, die exakt oder ungefähr 10 km lang ist – eine überschaubare, ideale Aufgabe für einen Wettkampfneuling und eine lösbare Aufgabe. Eigentlich kann jeder, der eine Stunde ununterbrochen traben kann, an einem Volkslauf ohne jede zusätzliche Vorbereitung teilnehmen. Doch da ist ja auch noch der Ehrgeiz. Der Volksläufer will nicht nur die Strecke durchhalten, sondern auch eine möglichst gute Zeit erreichen. Schließlich will er nach dem ganzen „Herumgetrabe" der ersten Aufbaumonate wissen, wo er steht.

Weiterhin bleibt die Stabilisierung der Ausdauerfähigkeit durch den lockeren Dauerlauf im Vordergrund. In

der Vorbereitungszeit auf die Volkslauf-Premiere werden daneben erstmals ernsthaft andere Formen des Lauftrainings eingesetzt. Denn jetzt haben Sie das Leistungsniveau, um die bereits geschilderten Trainingsmethoden der Laufasse und ihre Wirkung selbst austesten zu können. Aber es geht nicht nur ums Austesten, oder darum, mitreden zu können. Wer im Wettkampf in einem relativ hohen Tempo laufen will, der muss diese Geschwindigkeit im Training üben. Also muss er ab und an mal schneller laufen als das bisher bevorzugte Traben. Das lässt uns in den jetzt bevorstehenden Wochen manches Mal kräftig Pusten, sorgt aber auf der anderen Seite für Abwechslung und Zufriedenheit.

Was bisher für Ihre Leistungsentwicklung stimmt, gilt auch weiterhin: Nur eine langsame und kontinuierliche Steigerung bringt Erfolg!

Sieben-Wochen-Programm zur Vorbereitung auf den ersten 10 km-Lauf:

1. Woche

Mo: –
Di: 45 min LDL
Mi: –
Do: 15 min einlaufen, 20 min FS, 15 min auslaufen
Fr: –
Sa: 30 min LDL + 3 lockere Steigerungsläufe
So: 60 min LDL

2. Woche

Mo: –
Di: 45 min LDL
Mi: –
Do: 20 min einlaufen, 20 min SDL 80 %, 20 min auslaufen
Fr: –
Sa: 40 min LDL + 3 lockere Steigerungsläufe
So: 70 min LDL

3. Woche

Mo: –
Di: 45 min LDL
Mi: –
Do: 15 min einlaufen, 20 min FS, 15 min auslaufen
Fr: –
Sa: 40 min LDL
So: 80 min LDL

4. Woche

Mo: –
Di: 45 min LDL
Mi: –
Do: 45 min LDL
Fr: –
Sa: 30 min LDL + 3 lockere Steigerungsläufe
So: 55 min LDL

5. Woche

Mo: –
Di: 50 min LDL
Mi: –

Do: 20 min einlaufen, 20 min FS, 20 min auslaufen
Fr: –
Sa: 40 min LDL + 3 lockere Steigerungsläufe
So: 70 min LDL

Mo: –   **6. Woche**
Di: 50 min LDL
Mi: –
Do: 20 min einlaufen, 6 x 600 m in 90 % der maximalen
Herzfrequenz, 20 min auslaufen
Fr: –
Sa: 40 min LDL + 3 lockere Steigerungsläufe
So: 80 min LDL

Mo: –   **7. Woche**
Di: 30 min LDL
Mi: –
Do: 15 min einlaufen, 3 lockere (!) Steigerungsläufe
15 min auslaufen
Fr: –
Sa: 10 km Wettkampf
So: –

*LDL = Lockerer Dauerlauf, er wird im Pulsbereich von
68 % - 79 % der maximalen Herzfrequenz gelaufen.
FS = Fahrtspiel. SDL = Schneller Dauerlauf.*

In diesem Sieben-Wochen-Programm sind die gleichen Elemente vertreten, die im Trainingsplan der Topläufer verzeichnet sind – nur müssen Sie die Programme selbstverständlich entsprechend Ihrem Leistungslevel langsamer durchführen. Gehen wir die neu hinzugekommenen Elemente noch einmal durch, die Sie ja bereits grundsätzlich im Kapitel über die Trainingsmethoden kennen gelernt haben.

In der ersten Woche ist das Element des Fahrtspiels neu. Denken Sie daran, der Spaß an der Geschwindigkeit und das Spiel mit den unterschiedlichen Lauftempi soll im Vordergrund stehen. Dazu gehören auch die langsamen Geschwindigkeiten. Also hineinhorchen in den Körper und nicht den Ehrgeiz entwickeln, möglichst viele Meter oder Kilometer zurückzulegen! Darauf kommt es hier überhaupt nicht an! Je schneller und länger eine Phase mit hohem Tempo war, desto länger muss die darauf folgende ruhige Laufphase sein.

Beim Trainingsmittel Steigerungsläufe erhöhen Sie über 70-90 Meter Ihr Lauftempo kontinuierlich bis ins Sprinttempo, aber bleiben dabei immer locker und unverkrampft. Ziel dieser Übung ist es, die Beine an eine höhere Lauf-Geschwindigkeit zu gewöhnen und aus dem Dauerlauf-Trott auszubrechen.

In der zweiten Woche ist der schnelle Dauerlauf der neue Trainingsbaustein. Während beim lockeren Dauerlauf die Energie überwiegend durch den Fettstoffwechsel bereitgestellt wurde, wirken jetzt Kohlenhydrat- und Fettstoffwechsel zusammen. Da diese Trainingsform überaus hart ist, bleiben Sie als Neuling in diesen Bereichen zunächst im unteren Bereich, also um die 80 % der maximalen Herzfrequenz. Geübte Läufer dürfen ihre Pulsbelastung bis auf 89 % der maximalen Herzfrequenz bringen.

Die 6 x 600 Meter in der sechsten Woche sind Ihre erste Bekanntschaft mit den Tempoläufen, die zum Laufen mit Leistungsziel dazugehören – egal auf welcher Leistungsebene. Am einfachsten lassen sich diese Tempoläufe auf einem Sportplatz durchführen, da hier die Entfernungen markiert sind. Aber es muss nicht unbedingt ein Sportplatz aufgesucht werden. Ebene Wege im Park eignen sich genauso gut. Vor der ersten Tempolaufeinheit müssen Sie sich allerdings in diesem Fall schon mal umschauen, wo Sie laufen wollen, und die Entfernungen mit dem Fahrradtacho abmessen.

Halten Sie sich dabei an alle in Ihrem Park üblichen Regeln, beispielsweise sollten Sie keine Markierungen aufsprühen. Sonst ergeht es Ihnen wie dem 1.500-m-Läufer und Olympiateilnehmer 1904 Johannes Runge vor einem Jahrhundert in Braunschweig. Der berichtet: „Mit meinem Bruder maß ich mir mit dem Schneiderbandmaß meiner Mutter einen Bindfaden von 25 m Länge ab, zog in unseren Bürgerpark und steckte mir dort eine Strecke von 1.500 m ab, eine nette Arbeit. Abends wurde trainiert, das heißt, eine abgeschnittene alte Hose, ein Hemd und alte Strümpfe wurden untergezogen; in einem Gebüsch wurden die Oberkleider abgelegt, und dann ging es los. Erster Versuch: 5 Minuten und 26 Sekunden – und vierzehn Tage Muskelkater. Beim zweiten Training wurde ich vom Parkwächter geschnappt und musste wegen Erregung öffentlichen Ärgernisses drei Mark Strafe zahlen. Man bedenke: in kurzer Hose und im Hemd abends im Park! Sportlicher Erfolg: 4 Minuten und 58 Sekunden."

Tempolauf heißt nun ganz und gar nicht, dass Sie – wie Runge vor einem Jahrhundert – so schnell wie möglich laufen. Darum geht es überhaupt nicht, Trainingsrekorde sind völlig uninteressant. Sonst werden Sie wie der gute Runge ebenfalls tagelang von Muskelkater gequält. Mit den Tempoläufen sollen Sie lernen, ein Ihrer Wettkampfgeschwindigkeit ähnliches Tempo einzuschlagen. „Killer-Einheiten" sind völlig unsinnig! Das letzte Tempointervall sollte genauso schnell wie das erste und alle Abschnitte dazwischen gelaufen werden. Kontrolliert soll der Laufstil sein, kein Kampf um jede Sekunde! Wenn Sie dann 90% Ihrer maximalen Herzfrequenz nicht überschreiten, dann bleiben Sie auch sicher bei allen sechs Läufen unverkrampft. In den Pausen traben Sie ganz locker etwa 300 m weiter. Die Herzfrequenz sollte vor der nächsten Belastung auf 70 % oder darunter absinken.

Unsinnige
„Killer-Einheiten"

Marathon als Herausforderung

„Die Streckenläufe von 20 km bis zum Marathonlauf
bringen für den Sportler als neue Schwierigkeit vor allem
die Überwindung der seelischen Hemmungen mit sich.
Die Überwindung, der Zweifel an dem Vermögen, die
Strecke durchzustehen, in Verbindung mit den starken
Ermüdungserscheinungen stellt an die Willenskraft noch
größere Anforderungen als jede andere Laufstrecke." So
formulierte es Emil Bedarff 1928. Übersetzt in unsere
heutige Sprache heißt das: Die Strecken ab Halbmarathon bilden nicht nur eine Herausforderung für den Körper, sondern auch für den Geist, sie sind eine Grenzer-
fahrung.

Das ist auch heute noch ohne Abstriche gültig. Doch
bis vor gut zwei Jahrzehnten hatten die Marathonläufer
sich nicht nur mit der harten Laufdistanz, sondern auch
mit Angriffen gegen ihre Disziplin auseinanderzusetzen.
Das war schon beim allerersten Marathon 1896 so, dem
Lauf vom griechischen Küstenörtchen Marathon in die
Landeshauptstadt Athen: Den Kampf um die erste olympische Medaille des Straßenlaufs wollte auch Karl Galle
aufnehmen. Als Olympiavierter über die 1.500 m hatte er
schließlich eine gute Konstitution nachgewiesen. Der
Mannschaftsarzt verbot dem Deutschen jedoch den Start.
Weil „der gleißende Reflex des Sonnenlichtes auf den
kalkweißen Landstraßen die Augen verderben würde",
berichtete Galle später.

Man sieht, in der Begründung ihrer Ablehnung waren
die Gegner des Marathonlaufes sehr einfallsreich. Die
Zeiten undifferenzierter, pauschaler Angriffe auf den Marathon sind noch gar nicht so lange vorbei. „Laufen bis
zum Umfallen?" hieß die Titelgeschichte des AOK-Maga-
zins 1992. Und in dem millionenfach verbreiteten Artikel
wurden die Citymarathons als „Marathon-Wahnsinn"
abgekanzelt. Eine kurze Kostprobe: „In einem sportme-
dizinischen Dienst war nachzulesen, kritische Sportmediziner vermuteten, dass ein bis zwei Prozent der Mara-

▶ Beim Hamburg-
Marathon beein-
druckt die Hafen-
kulisse.

thonfinisher einen Herztod erleiden – noch während des Laufes oder kurz danach." Ein oder zwei Prozent? Das bedeutet, dass 263 der 13.173 erfolgreichen Marathonläufer des Hamburg-Marathons im Jahr 2000 während oder kurz nach dem Lauf hätten sterben müssen. Tatsächlich war bei diesem Citylauf nicht ein einziger toter Läufer zu beklagen. An diesen Zahlen erkennt man den Unsinn solcher Artikel.

Nicht im Vorbeilaufen machbar

Das Unternehmen Marathon ist mit seiner ganz besonderen Herausforderung nicht mit dem ersten Volkslauf zu vergleichen. Deshalb können Sie den ersten Volkslauf mit einer einigermaßen trainierten Ausdauer locker „mitnehmen", beim Marathon wäre diese Einstellung grundfalsch. Ein echter Marathoni wird man nicht im Vorbeigehen. Der Körper muss vorher regelmäßig und über lange Zeit an Ausdauersport gewöhnt werden. Eine gründliche Jahresplanung und ein konzentriertes Trainingsprogramm im letzten Vierteljahr vor dem Marathon sind unerlässliche Pflicht. Dann aber ist die Herausforderung Marathon zu schaffen.

Auch wenn es erfolgreiche Gegenbeispiele gibt, die mit deutlich weniger Training zu Marathonfinishern wurden, sollten mindestens ein halbes Jahr lang jede Woche mehr als 40 km abgespult werden, bevor Sie mit dem direkten Vorbereitungstraining für Ihre Marathonpremiere beginnen. Besser sind ein Jahr und mehr als 50 km, noch besser anderthalb.

Kein Geheimrezept

Zwei grundsätzliche Änderungen im Trainingsalltag stehen für den Dauerläufer an, der beschlossen hat, zum Marathonläufer „aufzusteigen":

Erstens muss er den Trainingsumfang steigern.

Zweitens muss er planmäßig auf den Höhepunkt Marathonlauf hintrainieren. Lockeres Vor-sich-hintraben reicht nicht mehr, denn Marathon ist ein extremes Unternehmen!

„Über 16 bis 18 Wochen vor dem Marathon erstreckt sich das zielgerichtete Training," erläutert Wolfgang Heinig den von ihm angewandten Trainingsaufbau. Heinig ist Marathon-Bundestrainer und Ehemann von Marathon-Ass Katrin Dörre. Er hat in den vielen Jahren, in denen seine Frau die klassische Strecke in der Weltspitze mitgelaufen ist, immer das gleiche Vorbereitungsmuster angewandt und versichert, dass das Geheimnis für ein erfolgreiches Marathontraining ganz einfach ist: „Fleiß, Fleiß, Fleiß und dann kommt das Talent."

„In den ersten vier Wochen werden die allgemeinen Trainingsgrundlagen gelegt. Es folgen 6 bis 8 Wochen Leistungsspezifik und 2 bis 3 Wochen Formausprägung." Der Bundestrainer betont: „Dieser Aufbau vom Basistraining zum speziellen Training gilt prinzipiell für jeden Marathonläufer, egal ob Weltspitze oder Volksläufer." Die vorgeschlagene Länge der einzelnen Vorbereitungsphasen auf den Marathon schwankt bei den einzelnen Laufexperten. Aber Heinig und alle anderen Marathontrainer sind sich darin einig, dass zunächst die Grundlagen trainiert werden. Dann folgt erst die Trainingsspezifikation.

▲ Die großen Citymarathons bieten eine Sight-Seeing-Tour mit den Sehenswürdigkeiten der jeweiligen Stadt. Auf dem Bild oben passieren die Marathonis gerade den Berliner Dom.

Ohne Long Jog kein Marathon

Lange Läufe sind die wichtigste Neuerung im Trainingsaufbau für denjenigen, der bislang nur kürzere Strecken gerannt ist. Für den zukünftigen Marathoni ist der Long Jog das bedeutendste Element in den folgenden Trainingswochen. Der lange Lauf wird im optimalen Fall nach und nach bis auf drei Stunden ausgedehnt. In diesen langen Trainingsläufen wird vor allem eines geübt: die Energie, die zum Laufen benötigt wird, auch aus dem körpereigenen Fett zu gewinnen. Denn der Marathon ist mit seinen 42,195 km schlicht und einfach zu lang, um nur Kohlenhydrate zu „verheizen". Die entsprechenden Speicher wären lange schon leer, bevor man das Ziel erreicht, gäbe es da nicht die Fettreserven des Körpers.

Deshalb muss der Marathoni möglichst sparsam mit seinen Glykogenvorräten umgehen und von Anfang an auch Fette zur Energiegewinnung heranziehen. Das Verhältnis von der Kohlenhydrat- zur Fettverbrennung ist trainierbar. Je besser ausdauertrainiert der Marathonläufer ist, desto höher ist der Anteil der Fettverbrennung bei gleicher Laufgeschwindigkeit. Der gut Trainierte schont also seine Glykogenvorräte. Deshalb sind die langen Einheiten so wichtig.

Das Tempo des langen Dauerlaufes sollte langsam sein. Ihre Herzfrequenz muss also unterhalb der 80-Prozent-Grenze liegen. Es hat sich bewährt, in der Gruppe zu laufen. Nachdem die aktuellsten Neuigkeiten aus Privatleben und Sport erzählt sind, liegt schon ein großer Teil der Trainingsstrecke hinter der schwatzenden Gruppe. Und bei mancher politischen Grundsatzdiskussion reichen die zwei bis drei Stunden eigentlich gar nicht aus, um alle Aspekte zu diskutieren. Der letzte Long Jog sollte zwei Wochen vor dem Marathon eingeplant werden.

Wer die langen Ausdauerläufe vor einem Marathon überhaupt nicht mag, für den bietet das von den Triathleten abgeschaute Kombinationstraining eine gute Alternative. Anstatt des drei Stunden langen Laufes fahren Sie eineinhalb Stunden in lockerem Tempo mit dem Rennrad und schlüpfen anschließend in die bereitliegenden Laufsachen. Die Rad-Belastung ist nicht zu hart, um anschließend mit frischem Elan loszulaufen. Die folgende bis zu 1½ Stunden dauernde Lauf-Einheit ist nun wirklich noch zu bewältigen. Und wieder Zuhause angekommen, ist das Herz-Kreislauf-System wie bei einem Long Jog belastet worden. Zudem wurden Sehnen, Bänder und Gelenke gegenüber einem Drei-Stunden-Lauf geschont. Das ist vor allem für die Läufer von Vorteil, die keinen optimalen Body-Mass-Index besitzen, die also noch vergleichsweise viel Gewicht mit sich herumtragen.

**Vorher:
Ist-Zustand
bestimmen**

Damit der Marathon gemeistert werden kann, müssen Sie natürlich eine realistische Zielzeit über die 42,195 km im Kopf haben. Es nützt überhaupt nichts, die 4:00-Stunden-Grenze anzupeilen, wenn Sie nur 4:30 Stunden drauf haben. Für erfahrene Läufer bildet deshalb die Zeit des letzten Marathons eine erste Positionsbestimmung. Wenn Sie in diesem Jahr mehr trainiert haben als vor dem letzten Marathon und Sie sich zudem noch lockerer

und beständig stärker fühlen, dann dürfen Sie eine bessere Zeit anstreben – aber immer Realist bleiben!

Eine gute Orientierungshilfe zur Festlegung Ihrer angestrebten Marathonzeit bietet eine seit Jahren gebräuchliche Umrechnungsformel. Wenn Sie Ihre aktuelle – das Wort aktuell ist hier ganz wörtlich zu nehmen – 10-km-Bestzeit mit 4,66 multiplizieren, erhalten Sie eine realistische Zielzeit für Ihren angestrebten Marathon. Der Marathonexperte und ehemalige Olympiateilnehmer Manfred Steffny errechnete diese Umrechnungszahl, und sie hat sich seitdem als eine vernünftige Richtschnur herausgestellt. Beim ersten Marathon muss ein deutlicher Zeitaufschlag hinzugerechnet werden. Denn die Lauferfahrung spielt bei dieser langen Distanz eine wichtige Rolle.

Für 10-km-Bestzeiten zwischen einer halben und einer ganzen Stunde ergeben sich folgende Marathonzeiten:

▲ 42,195 km vor der Wolkenkratzer-Kulisse, das bietet der Frankfurt-Marathon.

10-km-Bestzeit	**Marathon-Richtzeit**
30:00 Minuten	2:20 Stunden
33:00 Minuten	2:34 Stunden
36:00 Minuten	2:47 Stunden

39:00 Minuten	3:02 Stunden
42:00 Minuten	3:16 Stunden
45:00 Minuten	3:30 Stunden
48:00 Minuten	3:44 Stunden
51:00 Minuten	3:58 Stunden
54:00 Minuten	4:12 Stunden
57:00 Minuten	4:26 Stunden
60:00 Minuten	4:40 Stunden

Fit für Marathon in 13 Wochen

Auf den folgenden Seiten werde ich für die letzten 13 Trainingswochen bis zum Marathon Trainingspläne für die Marathonzielzeiten 3:00, 3:45 und 4:30 Stunden aufstellen. Diese dreizehn Wochen habe ich in drei Trainingsphasen unterteilt. Grundsätzlich wird nach Pulsfrequenz gelaufen. Nur die schnellen Läufe im Marathon-Renntempo machen da eine Ausnahme, diese Einheiten richten sich nach der angestrebten Marathonzeit. Die regenerativen Dauerläufe werden mit einem Pulswert zwischen 55% und 67% der maximalen Herzfrequenz absolviert, der langsame Dauerlauf zwischen 68% und 79%. Beim schnellen Dauerlauf liegt die Herzfrequenz zwischen 80% und 89% der maximal erreichbaren Zahl.

Ganz wichtig: Nicht sklavisch an die Vorgaben halten. Ein solcher Plan kann immer nur eine ungefähre Richtschnur sein. Sie müssen den konkreten Plan Ihren persönlichen Lebensumständen anpassen. Da darf ruhig mal eine Einheit ausfallen, wenn es nicht der wöchentliche lange Lauf ist. Der sollte als Haupttrainingsmittel höchstens verschoben werden.

Phase 1: Grundlagen ausbauen

Die wichtigste Grundlage für den zukünftigen Marathoni ist eine möglichst gute Ausdauer. Je höher deren Niveau ist, umso besser die Marathonleistung. Dieses Niveau auszubauen und zu festigen ist die Hauptaufgabe in der ersten Phase der Marathonvorbereitung. Das bedeutet, dass die Länge des wöchentlichen Long Jogs gesteigert wird. In diesen Wochen steht das Laufen im Sauerstoffgleichgewicht noch ständig im Vordergrund. Wie wichtig diese Ausdauergrundlage ist, verdeutlichen die Trainingsaufzeichnungen von Ingrid Kristiansen, der norwegischen Weltmeisterin über 10.000 m 1987 in Rom. Während ihrer aktiven Zeit stellte die Allround-Läuferin Weltrekorde über 5.000 m, 10.000 m, 21,1 km und Marathon auf. 1985 lief Ingrid Kristiansen in London Marathon-Weltrekord mit 2:21:06 Stunden. An dieser Zeit bissen sich die Topläuferinnen auf der ganzen Welt 13 lange Jahre die Zähne aus. Erst 1998 gelang Tegla Loroupe eine Verbesserung auf 2:20:47 Stunden.

Die norwegische Ausnahmeläuferin gibt für ein „normales" Jahr in ihrer Karriere rund 8.000 Trainingskilometer an. Diese Zahl dürfen Sie auf keinen Fall als Richtschnur oder Zielmarke nehmen. Denn Ingrid Kristiansen hatte schon viele Jahre hartes Leistungstraining unter Profibedingungen hinter sich, als sie auf diesem Weltklasseniveau trainierte. Interessant und beispielhaft für jeden Läufer ist aber die prozentuale Zusammensetzung ihres Trainings:

67,0 % waren lockere, lange, aerobe Läufe
20,0 % zügige, aber aerobe Läufe
3,0 % schnelle Läufe an der aerob/anaeroben Schwelle
1,0 % Intervall-Training mit kurzen Intervallen
2,0 % Intervall-Training mit langen Intervallen
3,5 % Fahrtspiel
3,5 % Wettkämpfe.

87 % aller Laufkilometer lief Ingrid Kristiansen also aerob und es gibt keinen Grund, warum Läufer mit weniger Ausdauerfähigkeit sich mehr anaerobe Arbeit zumuten sollten.

Trainingswoche 1:		Trainingswoche 2:		**Marathonziel**
Mo:	–	Mo:	–	**4:30 Stunden**
Di:	60 min LDL	Di:	60 min LDL	
Mi:	–	Mi:	–	
Do:	60 min FS	Do:	60 min FS	
Fr:	–	Fr:	–	
Sa:	45 min LDL	Sa:	50 min LDL	
So:	80 min LDL	So:	90 min LDL	

Trainingswoche 3:		*Trainingswoche 4:*	
Mo:	–	Mo:	–
Di:	60 min LDL	Di:	45 min LDL
Mi:	–	Mi:	–
Do:	60 min FS	Do:	45 min FS
Fr:	–	Fr:	–
Sa:	50 min LDL	Sa:	45 min LDL
So:	105 min LDL	So:	80 min LDL

Marathonziel 3:45 Stunden

Trainingswoche 1:		*Trainingswoche 2:*	
Mo:	–	Mo:	–
Di:	60 min LDL	Di:	60 min LDL
Mi:	–	Mi:	30 min LDL + 5 ST
Do:	75 min FS	Do:	90 min FS
Fr:	–	Fr:	–
Sa:	60 min LDL	Sa:	60 min LDL
So:	100 min LDL	So:	110 min LDL

Trainingswoche 3:		*Trainingswoche 4:*	
Mo:	–	Mo:	–
Di:	60 min LDL	Di:	45 min LDL
Mi:	30 min LDL + 5 ST	Mi:	–
Do:	75 min FS	Do:	60 min FS
Fr:	–	Fr:	–
Sa:	60 min LDL	Sa:	30 min + 5 ST
So:	120 min LDL	So:	90 min LDL

Marathonziel 3:00 Stunden

Trainingswoche 1:		*Trainingswoche 2:*	
Mo:	–	Mo:	–
Di:	80 min LDL	Di:	80 min LDL
Mi:	60 min FS	Mi:	60 min FS
Do:	90 min LDL	Do:	90 min LDL
Fr:	60 min LDL + 5 ST	Fr:	60 min LDL + 5 ST
Sa:	60 min SDL	Sa:	70 min MDL
So:	120 min LDL	So:	130 min LDL

Trainingswoche 3:		Trainingswoche 4:	
Mo:	–	Mo:	–
Di:	20 LDL + 40 MDL + 20 LDL*	Di:	80 min LDL
Mi:	60 min FS	Mi:	45 min FS
Do:	90 min LDL	Do:	80 min LDL
Fr:	60 min LDL + 5 ST	Fr:	45 min LDL
Sa:	70 min MDL	Sa:	60 min LDL
So:	140 min LDL	So:	110 min LDL

LDL = Lockerer Dauerlauf, wird im Pulsbereich zwischen 68 % und 79 % gelaufen. FS = Fahrtspiel. SDL = Schneller Dauerlauf, wird im Pulsbereich zwischen 80 % und 89 % gelaufen. ST = Steigerungen.
* Wenn nicht anders angegeben, sind alle Angaben in dieser Trainingseinheit in Minuten.

Die nächsten sieben Wochen bilden den härtesten Trainingsblock. Sie schmieden aus dem Dauerläufer einen Marathonläufer. Diese Belastungswochen sind so anstrengend, weil Sie neben dem Hochschrauben der Laufkilometer auch Trainingsreize im Tempobereich setzen müssen. Neben dem langen Dauerlauf, dem wichtigsten Trainingsmittel in der ersten Vorbereitungsphase, muss in den nächsten Wochen ein weiterer Eckpfeiler gepflegt werden: der Lauf im angestrebten Wettkampftempo.

Phase 2: Die Marathonschmiede

Mit dem Laufen im Marathon-Renntempo wird die wettkampfspezifische Ausdauer trainiert. Der Bewegungsapparat muss schließlich das Tempo kennen lernen, das er später beim Wettkampf über 42 lange Kilometer durchstehen soll. Dabei darf es nicht das Ziel sein, dieses Tempo möglichst lange im Training durchzuhalten. Das wäre viel zu anstrengend. Deshalb wird diese Geschwindigkeit als kurzer, schneller Dauerlauf oder als Tempolauf-Training mit Pausen zwischen den einzelnen Belastungen trainiert.

Machen Sie sich ruhig noch einmal klar, dass Tempolauf nicht bedeutet, so schnell wie möglich zu laufen. Der letzte Tempoabschnitt sollte genauso schnell wie der erste

▲ München ist im Jahr 2000 zurückgekehrt in die Gruppe der Marathonstädte.

und alle Belastungsphasen dazwischen gelaufen werden. Kontrolliert soll der Laufstil sein, kein Kampf um jede Sekunde! Sie wollen ja im Training gar keine Bestzeit laufen. Zwischen den Belastungen traben Sie ganz locker bis der Puls wieder auf Dauerlauf-Niveau abgesunken ist. Jeweils ein Drittel der Tempolauf-Distanz ist der Richtwert für die Pausenlänge. In den Pausen traben Sie ganz locker und entspannt weiter.

Diese Trainingswochen, in denen das Marathontraining die höchste Belastungsstufe erreicht hat, sind nicht ganz unproblematisch. Körper und Geist werden durch das ständige Powern an der oberen Belastungsgrenze kräftig beansprucht – schließlich bestreiten Sie das Training ja nicht als Voll- oder Halbprofi, sondern sind „nebenbei" ja noch in Beruf oder Familie gefordert. Die starke Beanspruchung macht Sie anfälliger für Erkältungskrankheiten.

„Ausgerechnet zwei Wochen vor dem Marathon, auf den ich mich so lange vorbereitet habe, hat mich die blöde Grippe erwischt" – eine solche Klage hat keinen

Seltenheitswert. Allerdings müsste es nicht „ausgerechnet", sondern „logischerweise" heißen. Denn die Abwehrsysteme des Körpers sind in dieser Phase durch das anstrengende Training geschwächt. Viren und Krankheitserreger haben ein leichteres Spiel. Zusätzliche Vorsicht ist angesagt: Nicht nach dem Training nassgeschwitzt noch auf einen Schwatz stehen bleiben. Das bringt Ihren Marathon in Gefahr!

Für die Drei-Stunden-Läufer habe ich in die neunte Trainingswoche einen Wettkampf über Halbmarathon eingeflochten. Der dient der Entwicklung und Festigung der Tempohärte. Wer gegen 3:45 Stunden über Marathon tendiert, kann sich ebenfalls den Wettkampf-Spaß gönnen. Er übernimmt das Programm des Drei-Stunden-Läufers von Freitag vor dem Rennen bis Montag und ruht sich am folgenden Dienstag bei lockeren 40 Trabminuten noch etwas aus.

Trainingswoche 5:		*Trainingswoche 6:*		**Marathonziel**
Mo:	–	Mo:	–	**4:30 Stunden**
Di:	60 min LDL	Di:	60 min LDL	
Mi:	–	Mi:	–	
Do:	60 min FS	Do:	60 min FS	
Fr:	–	Fr:	–	
Sa:	20 LDL + 20 MRT + 20 LDL*	Sa:	25 LDL + 25 MRT + 25 LDL*	
So:	105 min LDL	So:	120 min LDL	

Trainingswoche 7:		*Trainingswoche 8:*	
Mo:	–	Mo:	–
Di:	70 min LDL	Di:	60 min LDL
Mi:	–	Mi:	–
Do:	60 min FS	Do:	45 min FS
Fr:	–	Fr:	–
Sa:	25 LDL + 25 MRT + 25 LDL*	Sa:	45 min LDL
So:	135 min LDL	So:	100 min LDL

Trainingswoche 9:
Mo: –
Di: 70 min LDL
Mi: –
Do: 15 LDL + 3 x 2 km
MRT + 15 LDL*
Fr: –
Sa: 60 min FS
So: 120 min LDL

Trainingswoche 10:
Mo: –
Di: 70 min LDL
Mi: –
Do: 15 LDL + 3 x 3 km
MRT + 15 LDL*
Fr: –
Sa: 60 min FS
So: 135 min LDL

Trainingswoche 11:
Mo: –
Di: 70 min LDL
Mi: –
Do: 20 LDL + 3 x 3 km MRT + 20 LDL*
Fr: –
Sa: 70 min FS
So: 150 min LDL

**Marathonziel
3:45 Stunden**

Trainingswoche 5:
Mo: –
Di: 60 min LDL
Mi: 45 min LDL + 5 ST
Do: 75 min FS
Fr: –
Sa: 30 LDL + 15 SDL
+ 15 LDL*
So: 115 min LDL

Trainingswoche 6:
Mo: –
Di: 60 min LDL
Mi: 60 min LDL + 5 ST
Do: 75 min FS
Fr: –
Sa: 30 LDL + 20 SDL
+ 30 LDL*
So: 130 min LDL

Trainingswoche 7:
Mo: –
Di: 60 min LDL
Mi: 60 min LDL + 5 ST
Do: 75 min FS
Fr: –
Sa: 30 LDL + 25 SDL
+ 30 LDL*
So: 145 min LDL

Trainingswoche 8:
Mo: –
Di: 60 min LDL
Mi: 30 min LDL + 5 ST
Do: 45 min FS
Fr: –
Sa: 15 LDL + 5 SDL
+ 15 LDL*
So: 100 min LDL

Trainingswoche 9:
Mo: –
Di: 60 min LDL
Mi: 60 min LDL + 5 ST
Do: 15 LDL + 3 x 2 km
    MRT + 15 LDL*
Fr: –
Sa: 75 min FS
So: 130 min LDL

Trainingswoche 10:
Mo: –
Di: 60 min LDL
Mi: 60 min LDL + 5 ST
Do: 15 LDL + 3 x 3 km
    MRT + 15 LDL*
Fr: –
Sa: 75 min FS
So: 145 min LDL

Trainingswoche 11:
Mo: –
Di: 60 min LDL
Mi: 60 min LDL + 5 ST
Do: 20 LDL + 3 x 3 km MRT + 20 LDL*
Fr: –
Sa: 75 min FS
So: 160 min LDL

▼ Viele hundert deutsche Marathonis laufen jedes Jahr beim legendären New-York-Marathon mit.

**Marathonziel
3:00 Stunden**

Trainingswoche 5:
Mo: –
Di: 20 LDL + 40 SDL
+ 20 LDL*
Mi: 60 min FS
Do: 90 min LDL
Fr: 60 min LDL + 5 ST
Sa: 20 LDL + 30 SDL
+ 20 LDL*
So: 130 min LDL

Trainingswoche 6:
Mo: –
Di: 20 LDL + 40 SDL
+ 20 LDL*
Mi: 75 min FS
Do: 90 min LDL
Fr: 60 min LDL + 5 ST
Sa: 30 LDL + 30 SDL
+ 30 LDL*
So: 145 min LDL

Trainingswoche 7:
Mo: –
Di: 20 LDL + 40 SDL
+ 20 LDL*
Mi: 75 min FS
Do: 90 min LDL
Fr: 60 min LDL + 5 ST
Sa: 30 LDL + 40 SDL
+ 30 LDL*
So: 155 min LDL

Trainingswoche 8:
Mo: –
Di: 80 min LDL

Mi: 60 min FS
Do: 60 min LDL
Fr: 45 min LDL + 5 ST
Sa: 60 min LDL

So: 120 min LDL

Trainingswoche 9:
Mo: –
Di: 20 LDL + 40 SDL
+ 20 LDL*
Mi: 75 min FS
Do: 20 LDL + 3 x 2 km
MRT + 20 LDL*
Fr: –
Sa: 30 min RDL

So: Halbmarathon-
Wettkampf

Trainingswoche 10:
Mo: –
Di: 60 min LDL

Mi: 75 min FS
Do: 20 LDL + 3 x 3 km
MRT + 20 LDL*
Fr: 60 min LDL + 5 ST
Sa: 30 LDL + 40 SDL
+ 30 LDL*
So: 150 min LDL

Trainingswoche 11:
Mo: –
Di: 20 LDL + 40 SDL + 20 LDL*
Mi: 75 min LDL
Do: 20 LDL + 3 x 4 km MRT + 20 LDL*
Fr: 60 min LDL + 5 ST
Sa: 30 LDL + 40 SDL + 30 LDL*
So: 165 min LDL

RDL = Regenerativer Dauerlauf im Pulsbereich zwischen 55 % und 67 %. LDL = Lockerer Dauerlauf, er wird im Pulsbereich zwischen 68 % und 79 % gelaufen. FS = Fahrtspiel. SDL = Schneller Dauerlauf, wird im Pulsbereich zwischen 80 % und 89 % gelaufen. ST = Steigerungen. MRT: Marathonrenntempo.
* Wenn nicht anders angegeben, alle Angaben in dieser Trainingseinheit in Minuten.

Nach der besonders starken Belastung des vorangegangenen Wochenendes lautet in den letzten beiden Wochen das Stichwort: Belastungsreduzierung. Je nach Leistungsstärke wird vom Körper noch ein- oder zweimal die Geschwindigkeit des angestrebten Marathonrenntempos verinnerlicht. Beim Fahrtspiel wird es zusätzlich noch mal kurz gestreift. Das genügt.

Das Ziel der letzten Woche ist es, möglichst erholt und mit vollen Kohlenhydrat-Speichern in den Wettkampf zu starten. Jetzt ist das Training für den Marathon buchstäblich gelaufen. Da sich Ihr Körper an die fast tägliche Laufeinheit gewöhnt hat, ist lockeres Laufen angesagt. Die Devise kann nur heißen: Umfang und Intensität drastisch verringern.

Eine optimale Marathon-Vorbereitung geht über das reine Laufen hinaus: Erholen heißt auch ausreichend schlafen. Und damit sich die Glykogenspeicher wieder füllen können, müssen Sie kohlenhydratreich essen.

**Phase 3:
Erholung vor
dem großen Lauf**

Marathonziel 4:30 Stunden	*Trainingswoche 12:*		*Trainingswoche 13:*	
	Mo:	–	Mo:	–
	Di:	60 min LDL	Di:	60 min LDL
	Mi:	–	Mi:	–
	Do:	15 LDL + 3 x 2 km MRT + 15 LDL*	Do:	40 min LDL
	Fr:	–	Fr:	–
	Sa:	60 min LDL	Sa:	20 min RDL
	So:	15 LDL + 45 MRT + 15 LDL*	So:	Marathon

Marathonziel 3:45 Stunden	*Trainingswoche 12:*		*Trainingswoche 13:*	
	Mo:	–	Mo:	–
	Di:	45 min LDL	Di:	15 LDL + 5 x 1 km MRT + 15 LDL*
	Mi:	30 min + 5 ST	Mi:	–
	Do:	75 min FS	Do:	30 min LDL + 3 ST
	Fr:	–	Fr:	–
	Sa:	60 min LDL	Sa:	30 min RDL
	So:	15 LDL + 45 MRT + 15 LDL*	So:	Marathon

Marathonziel 3:00 Stunden	*Trainingswoche 12:*		*Trainingswoche 13:*	
	Mo:	–	Mo:	–
	Di:	80 min LDL	Di:	45 min LDL
	Mi:	70 min FS	Mi:	15 LDL + 5 x 1 km MRT + 15 LDL*
	Do:	60 min RDL	Do:	30 min LDL + 3 ST
	Fr:	45 min LDL	Fr:	–
	Sa:	60 min LDL + 5 ST	Sa:	30 min RDL
	So:	15 LDL + 45 MRT + 15 LDL*	So:	Marathon

*RDL = Regenerativer Dauerlauf im Pulsbereich zwischen 55% und 67%. LDL = Lockerer Dauerlauf, er wird im Pulsbereich zwischen 68% und 79% gelaufen. FS = Fahrtspiel. SDL = Schneller Dauerlauf, wird im Pulsbereich zwischen 80% und 89% gelaufen. ST = Steigerungen. MRT: Marathonrenntempo. * Wenn nicht anders angegeben, alle Angaben in dieser Trainingseinheit in Minuten.*

Wettkämpfe –
das Salz in der Suppe

Wettkämpfe, egal ob Volksläufe, Straßenläufe, Wald-, Cross- oder Bahnläufe, machen Spaß. Diese Rennen geben dem Sportler das Gefühl der Zufriedenheit, wenn er seine Ziele erreicht. Und manchmal, wenn etwas ganz Besonderes erreicht wurde, machen sie auch glücklich, ganz unabhängig von den Glückshormonen, die bei einer anstrengenden Ausdauerleistung ausgeschüttet werden.

Aber für Wettkämpfe gilt das Gleiche wie für das Training: Man darf sie nicht ohne Ende genießen. Wo das Maß für jeden einzelnen liegt, ist sehr unterschiedlich. So startete Ron Clarke, mit 18 Weltrekorden auf Distanzen zwischen zwei Meilen und dem Stundenlauf einer der ganz großen Langstreckler der Leichtathletikgeschichte, zwischen 1964 und 1968 bei 254 Wettkämpfen. Das waren über einen Zeitraum von fünf Jahren rund 50 Rennen pro Jahr! Und da seine Gegnerschaft in der überwiegenden Zahl ebenfalls Weltklasse war, konnte er sich selten im Wettkampf schonen, also 50 Rennen jährlich auf Top-Niveau. Clarke sah den Wettkampf stets als optimale Vorbereitung für den nächsten Wettkampf an. Das ist sicher kein Rezept für den Breitensportler.

Weltrekordler lief 50 Rennen pro Jahr

Ebenfalls nicht zu empfehlen ist die Wettkampfzahl der sogenannten Marathonsammler. Diese besondere Spezies unter den Marathonis läuft möglichst oft, um entweder eine besonders große Zahl von Marathonläufen zu erreichen oder möglichst viele unterschiedliche Laufkurse kennen zu lernen. Horst Preisler aus Hamburg ist Rekordhalter in dieser Sparte. Beim Berlin-Marathon 2000 lief er als erster Mensch weltweit seinen 1.000. Marathon! Das ist bewundernswert, sollte aber relativiert werden: Die Marathonsammler haben ihr ganz eigenes Ziel, nämlich möglichst viele Marathons zu beenden. Deshalb laufen sie meist nicht im Bereich ihrer persönlichen Bestleistung, sondern gönnen ihrem Körper eine Leistungsreserve. Das ist etwas ganz anderes als die Ausnahmesituation, die der Wettkämpfer üblicherweise anstrebt: schneller als die Mitkonkurrenten zu sein oder die eigenen Grenzen auszutesten.

Australiens Laufguru Lydiard empfahl, höchstens 10 % der Laufkilometer bei Wettkämpfen zurückzulegen, Dr. van Aaken hielt 5 % für richtig. Hier muss jeder das richtige Maß entsprechend der eigenen Leistungsstärke und des persönlichen Charakters herausfinden. Grundsätzlich kann man feststellen, dass die Regenerationszeit nach einem Wettkampf um so länger ist, je mehr Kilometer die Distanz zählt. „Der Marathonläufer darf nur gelegentlich die volle Strecke laufen, weil sie zu stark an seinen Körperreserven zehrt", stellte in den zwanziger Jahren der mehrfache deutsche Langstreckenmeister Emil Bedarff fest. Ein bis zwei voll gelaufene 42,195-km-Rennen im Jahr gelten heute für Marathonläufer jeder Leistungsklasse als unbedenkliche Dosierung.

Das Rennen beginnt vor dem Rennen

Ob ein Wettkampf als Erfolg oder Misserfolg zu werten ist, wird zu einem bedeutenden Teil im Kopf des Läufers entschieden. Das beginnt lange bevor der Startschuss fällt. Denn zunächst einmal muss festgelegt werden, wo und wann man seine Laufleistungen auf den Prüfstand stellen will. Dann muss man sein Training auf das angestrebte sportliche Ziel hin ausrichten. Wer erfolgreich Wettkämpfe bestreiten will, der sollte seine Trainingsplanung darauf abstimmen. Im optimalen Fall stellt man sogar eine Jahresplanung auf.

Vor dem Rennen werden die Laufkilometer rechtzeitig so reduziert, dass man ausgeruht und im Vollbesitz seiner Kräfte antritt. Zusätzliche Einheiten kurz vor der Laufprüfung können vielleicht ein schlechtes Gewissen für ein paar Tage beruhigen. In Hinblick auf eine gute Leistung sind sie jedoch völliger Quatsch. Auch das Ess- und Trinkverhalten muss sich vor einem Wettkampf ändern. Vermeiden Sie direkt vor dem Rennen fette und ballaststoffreiche Lebensmittel genauso wie die sonst so gesunde Vollkornkost. Die letzte Mahlzeit sollte drei Stunden vor dem Rennen eingenommen werden.

Die schicken neuen Laufschuhe, die Sie sich am Vortag auf der Messe in der Vorstart-Euphorie gekauft haben, sind hoffentlich zu Hause oder im Hotel geblieben. Denn einen Wettkampf bestreitet man nur in gut eingelaufenen Tretern.

Umstrittene Diät

Ein Marathon als besonders harte Ausdauerleistung sollte nur mit vollen Glykogenspeichern angegangen werden. Nachdem man in den Monaten zuvor die Größe der Glykogenspeicher durch die langen Läufe im Training vergrößern konnte, bietet die Ernährung in der letzten Woche vor dem Rennen eine weitere Möglichkeit zur Ausweitung der Glykogendepots.

Die nach dem schwedischen Chemiker Saltin benannte „Saltindiät" ist in Marathonläuferkreisen berühmt und berüchtigt. Denn die Diät mit Kultstatus hat ihre Risiken und ist deshalb nur etwas für ausgebuffte, alte Rennhasen. Sieben Tage vor dem Rennen werden durch einen langen Trainingslauf die Glykogendepots weitgehend geleert. Doch jetzt wird nicht die übliche, möglichst schnelle Wiederauffüllung der Speicher eingeleitet, sondern der Marathoni in spe ernährt sich besonders kohlenhydratarm. Protein- und fettreiche Kost wie Fisch, Fleisch, Tofu, Hähnchen, Joghurt und Gurken stehen auf dem Speiseplan. Vier Tage vor dem Rennen wird diese Phase mit den Tempoläufen beendet, die das Marathontraining abschließen. Nach dieser Einheit sind die Glykogenvorräte auf einem absoluten Tiefpunkt. Wird jetzt die Ernährung total umgestellt, passiert das gleiche wie bei der Superkompensation im Training. Die Zellen in Muskeln und Leber sind auf eine Mangelsituation eingestellt. Werden jetzt Kohlenhydrate zugeführt, speichern sie viel mehr Glykogen als vorher möglich war. Kohlenhydrate und noch einmal Kohlenhydrate sind also auf dem Speiseplan angesagt: Reis, Brot, Obst, Gemüse und besonders viel Kartoffeln.

In der kohlenhydratarmen Zeit fühlt sich der Läufer oft schlapp und kaputt, die Glykogenspeicher müssten

▲ Auch die Jüngsten haben viel Spaß daran, ihre läuferischen Fähigkeiten auszutesten.

eigentlich schnellstens aufgefüllt werden. Müdigkeit, Übelkeit, Durchfall und Konzentrationsmängel – das ist nicht einfach durchzustehen. Sinnvoller als die Saltin-Diät sind deshalb für die meisten angehenden Marathonis viele lange Dauerläufe in der Vorbereitungsperiode. Denn dann sind die Glykogenspeicher so groß, dass auch durch die Saltin-Diät nur geringe Verbesserungen zu erwarten sind.

Praktikabler ist es, sich bis vier Tage vor dem Marathon ganz normal zu ernähren. Nach den Tempoläufen im Marathonrenntempo an diesem Tag werden bis zum Marathon möglichst viele Kohlenhydrate gegessen. Das ergibt bereits einen hervorragenden Effekt.

Müsli macht Mühe

Falls der Lauf am frühen Morgen gestartet wird, beginnt die direkte Vorbereitung bereits am Vorabend. Denn dann darf das kohlenhydratreiche, fettarme Abendessen auf keinen Fall zu spät eingenommen werden. Aufstehen ist drei bis vier Stunden vor dem Start angesagt, damit der Organismus in Schwung kommen kann. Gewohnte, leicht verdauliche Speisen wie Brötchen mit Honig oder Marmelade und reife Bananen zusammen mit dem gewohnten Morgengetränk sind die richtige Wahl. Das beliebte Müsli, das im Alltag so wertvoll ist, macht vor dem Wettkampf vielen Athleten Mühe. Vollkornflocken und Milch sind eher schwer verdaulich, und die Flocken benötigen zur Verdauung viel Flüssigkeit. Auch wenn das Frühstücksbuffet im Hotel die schönsten Köstlichkeiten offeriert, sollten Sie vor dem Start bei schmaler Kost bleiben.

Ein Geheimtipp sind zwei Tassen Kaffee rund eine Stunde vor einem langen Rennen. Dabei geht es gar nicht ums Wachwerden. Denn wach sind wir vor einem Wettkampf sowieso vor Aufregung. Das im Kaffee enthaltene Koffein regt zur vermehrten Freisetzung von Fettsäuren an. Dadurch wird die Fettverbrennung im Rennen zu einem früheren Zeitpunkt aktiviert. So werden die Kohlenhydratreserven schon in der Anfangsphase des Rennens geschont. Mehr als zwei Tassen sind aber Unsinn, denn zum einen genügt diese Menge, um die Fettverbrennung „ins Laufen" zu bringen. Zum anderen wirkt Kaffee entwässernd. Läufer sollten aber nur ausreichend mit Flüssigkeit versorgt ins Rennen gehen.

Kurz vor dem Wettkampf verspürt nahezu jeder die Vorstart-Nervosität. Das sonst so stabile Selbstvertrauen geht immer mehr den Bach hinunter, je näher die Laufprüfung kommt, der man so entgegengefiebert hatte. Auch eine in vielen Rennen erprobte Katrin Dörre-Heinig ist davon nicht frei: „Ich bin immer noch nervös, egal wie klein oder wie groß der Lauf ist." Da geht es ihr genauso wie der Volksläuferin, die immer betont, dass sie nur aus gesundheitlichen Gründen und aus Spaß die Laufschuhe schnürt. Die vielen Zuschauer, die Startnummer auf der Brust, die Programmhefte und Lautsprecheransagen: All das lässt jedes Läuferherz höher – oder genauer: schneller – schlagen. Schon Stunden vor dem Rennen macht sich die Aufregung oftmals in schweren Beinen bemerkbar. Macht nichts, nach dem Startschuss ist die Schwere garantiert wie weggeblasen!

▲ Manch seltsamer Typ mischt bei den Wettkämpfen munter mit.

Gemildert wird die Nervosität auch durch das Einlaufen. Jeder sollte bereits vor dem Startschuss warmgelaufen sein. Denn nur eine gut aufgewärmte Muskulatur kann von der Startlinie an die volle Leistung erbringen. Wie lange die Einlaufphase dauert, ist individuell sehr verschieden und hängt darüber hinaus vor allem von Leistungsfähigkeit und Wettkampfstrecke ab. Während geübte Langstreckenläufer 45-60 Minuten einlaufen, hat mancher Breitensportler nach 45 Minuten längst sein Pulver zum großen Teil verschossen und wäre für einen anschließenden Wettkampf viel zu ausgelaugt. Mindestens zehn Minuten sollte aber jeder Läufer vorher traben.

Wenig hilfreich sind durchblutungsfördernde Einreibemittel, um das Einlaufen zu unterstützen oder gar zu ersetzen. Angeregt und stärker durchblutet werden dadurch nur die Hautgefäße. Die Gefäße der tieferen Muskulatur bleiben unbeeinflusst.

Einlaufen ist Pflicht

Keine Ausnahme von der Einlauf-Pflicht vor jedem Wettkampf bildet die Marathonstrecke. Aber das Programm sollte hier etwas anders gehandhabt werden. Wer länger als 3:30 h für den Marathon benötigt, benutzt die ersten Wettkampfkilometer als Einroll-Phase und schaufelt nicht schon vorher eine zusätzliche Laufeinheit auf sein Kilometerkonto. Bei den großen Stadt-Marathons müssen Sie zudem so frühzeitig in ihrem Startbereich einchecken, dass Sie durch das lange Stehen im Startblock um den Lohn des Warmlaufens gebracht werden. Für den Leistungsbereich zwischen 3:00 und 3:30 Stunden reichen ein paar Minuten extrem lockeres Joggen und einige Dehnübungen. Auf den ersten Kilometern langsam angehen und dies als Einlauf-Phase nutzen ist auch deshalb zu empfehlen, weil man dadurch nicht in die Versuchung kommt zu schnell anzugehen. Eine Marathonzeit von 3:30 Stunden erreichen Sie mit einem durchschnittlichen Tempo minimal unter 5:00 min/km. Wenn Sie die ersten drei Kilometer nach dem Start jeweils rund 30 Sekunden langsamer laufen, müssen Sie auf den nächsten 39 km nur jeweils gut zwei Sekunden schneller laufen.

Wettkampf-Kilometer 0

Nach dem Einlaufen folgt der wichtige Kilometer 0, sprich: die Startaufstellung. Auch dieser hat entscheidenden Anteil an der Wettkampfleistung. Das bedeutet überhaupt nicht, dass der, der ganz vorne steht, auch in der Spitzengruppe mitrennt. Lassen Sie den schnellen, geübten Wettkämpfern den Platz an der Spitze, der ihnen gebührt. Das sollte auch aus Eigennutz geschehen. Wer zu weit vorne startet, wird entweder von den nachfolgenden, schnelleren Läufern angerempelt oder er legt zwangsläufig auf den ersten Kilometern ein für ihn zu schnelles Tempo vor. Und das muss später bitter bezahlt werden. Für die Psyche ist es auch keine Labsal, andauernd überholt zu werden.

Zudem sollten Sie rechtzeitig im Startraum erscheinen. Die vielen, alle ein wenig schwitzenden Körper sorgen schon für die nötige Wärme. Notfalls hilft ein Müllsack über kalte Vorstart-Minuten, den Sie kurz vor dem Start aufreißen. Kalkulieren Sie vorher etwas Zeit

ein für die „Zwischenfälle", die sich erfahrungsgemäß regelmäßig vor dem Start einstellen: Noch ein kurzer Gang zur Toilette und ein erneutes Festzurren der Schnürsenkel.

▲ Bei längeren Wettkämpfen ist es besonders wichtig, frühzeitig zu trinken.

Der erste Kilometer gehört zu den schwierigsten im ganzen Wettkampf. Jeder ist „heiß auf den Lauf", das Ziel wochenlanger, manchmal monatelanger Trainingsbemühungen ist endlich erreicht, jeder strotzt in dieser frühen Phase noch vor Kräften und kann sich nicht vorstellen, dass die irgendwann einmal nachlassen könnten. Der Punkt, an dem Kraft und Energie nicht mehr im Überfluss vorhanden sind, kommt aber garantiert! Und deshalb dürfen Sie nicht einfach losrennen, sondern müssen die gesamte Streckenlänge immer im Auge behalten.

Nicht drauflosrennen!

An diese Regel hielten sich schon die ersten erfolgreichen Marathonsieger. Max Wils, der 1885 geborene erfolgreichste deutsche Marathonläufer der Jahre bis 1925: „Ich habe es immer so gehalten, dass ich mich stets langsam in Bewegung setzte und nach sogenannter Marschtabelle lief. Meine Taktik beim Marathonlauf ist, den Angriff immer nach den 30. Kilometer zu verschieben, da hier die meisten Gegner schon mürbe sind und wenig Widerstand entgegensetzen können." Dank des vorsichtigen Beginns gewann er vier Mal den Deutschen Marathon.

Egal ob die Renndistanz nun 10 km, Halbmarathon oder Marathon heißt, immer ist es wichtig, eine gleichmäßige Geschwindigkeit zu laufen. Wie günstig eine kontinuierliche Renneinteilung ist, demonstrieren uns immer wieder die echten Könner. So wie der Äthiopier Haile Gebreselassie bei seinem inzwischen von ihm selbst getoppten Weltrekord von 26:43,53 Minuten. Mit einer extrem gleichmäßigen Aufteilung der zehn Wettkampfkilometer schuf der kleine Wirbelwind die Grundlage. Er rannte hintereinander folgende Abschnitte von je einem Kilometer: 2:42 – 2:39 – 2:39 – 2:38 – 2:42 – 2:42 – 2:41 – 2:42 – 2:43 – 2:35. Ganze fünf Sekunden liegen zwischen dem schnellsten und dem langsamsten Kilometer. Nur auf den letzten 1.000 m war die Jagd noch einmal freigegeben.

Trinken bei Langstreckenläufen

Beim 10-km-Wettkampf ist Verpflegung bei normalen Wetterverhältnissen kein Thema. Doch stehen bei extrem schwül-heißen Wetterbedingungen seit wenigen Jahren selbst bei Weltmeisterschaften und Olympischen Spielen Tische mit Schwämmen auf der Bahn. Und sie werden auch genutzt! Da sollte es für den Volksläufer nur logisch sein, dass er sich bei heißem Wetter die nötige Kühlung verschafft.

Welch abstruse Vorstellungen in den ersten Jahren des Laufens zum Thema Wettkampfverpflegung bestand, macht ein Bericht über den Marathon-Olympiasieger Hicks deutlich. Nachdem Hicks 1904 im amerikanischen St. Louis bei mörderischer Hitze in schwachen 3:28:53 Stunden gewonnen hatte, berichtete sein Trainer Charles Lucas: „Der Marathonlauf zeigte vom medizinischen Standpunkt deutlich, dass Drogen für den Athleten von großem Nutzen sind. Zehn Meilen vor dem Ziel waren bei Thomas Hicks Anzeichen eines unmittelbar bevor-

stehenden Zusammenbruchs zu bemerken. Ich sah mich gezwungen, ihm ein Tausendstel Gramm Strychnin mit einem Eiweiß einzuflößen. Als Hicks die 20-Meilen-Marke passierte, war sein Gesicht aschfahl, so dass wir ihm noch einmal ein Tausendstel Gramm Strychnin, zwei Eier und einen Schluck Brandy gaben."

▲ Läuferhinterlas-senschaften

Da war Waldlaufspezialist Ottomar Krupski 1927 schon deutlich weiter in seinen Erkenntnissen über die Ernährung während des Wettkampfes: „Wenn selbst alte Marathonläufer häufig durch Leibschmerzen um die Frucht ihrer großen Anstrengung gebracht werden, so liegt das eben an ihrem Unwissen über zweckmäßige Ernährung. Erst nach langem Sammeln von Erkenntnissen auf diesem Gebiete kann man sich selbst richtig beobachten und dann die höchsten Stufen der Siegesleiter erklimmen."

Völlig auf dem Holzweg war er allerdings aus unserer heutigen Sicht, wenn er ganz in Übereinkunft mit der landläufigen Meinung seiner Zeit behauptete: „Wenn man sich viel Flüssigkeit zuführt, belastet man sein Herz stark und bekommt Seitenstiche." Viele Zusammenbrüche,

160

von denen aus den Jahren vor dem Zweiten Weltkrieg berichtet wird, sind auf die völlige Dehydrierung, also den großen Flüssigkeitsverlust, der Läufer vor allem bei Hitzemarathons zurückzuführen.

Frühzeitig trinken

Exakt das Gegenteil ist richtig: Beim langen Lauf muss man frühzeitig damit beginnen, Flüssigkeit und Kohlenhydrate zu sich zu nehmen. Auf keinen Fall darf man erst dann mit dem Trinken anfangen, wenn sich der Durst bemerkbar macht. Dann ist es schon zu spät. Während eines langen Laufes verliert der Läufer enorme Mengen an Wasser. Bei Wärme können es bis zu zwei Liter pro Stunde sein. Bei einem vier Stunden langen Rennen macht das acht Liter! Wassermangel hat einen Leistungseinbruch und Muskelkrämpfe zu Folge.

Mindestens alle 5 km sollte beim Marathon getrunken werden: schluckweise und in kleinen Mengen. Trinken ist wichtig, aber das bedeutet nicht, unbeherrscht zu saufen. Wenn Sie zu viel trinken, wird Ihr Magen Sie stoppen. Während die schnellen Läufer nur trinken, ist es für das Ende der Marathonschlange durchaus sinnvoll, auch feste Nahrung zu sich zu nehmen. Trockenes Brot oder Bananenstückchen bringen aber nur etwas für den Glykogen-Haushalt, wenn sie frühzeitig gegessen werden.

Hinter der Ziellinie geht es weiter

Vorsicht ist in den Minuten nach dem Zieleinlauf geboten. Erschöpft stehen wir hinter der Ziellinie, können manchmal kaum den einen Fuß vor den anderen setzen. Im nassgeschwitzten Rennshirt sind wir ein optimales Opfer für Infekte aller Art. Denn unser Immunsystem, das uns vor Erkältungen und Infektionen schützt, ist durch die harte Belastung in Mitleidenschaft gezogen und geschwächt. Die Wissenschaftler sprechen vom „open-window"-Effekt. Wie die kalte Luft durch ein offenes Fenster in die Wohnung zieht, ist Ihr geschwächter Körper offen und ungeschützt vor Krankheitserregern. Wenn Sie sofort trockene, warme Wechselkleidung überstreifen, kann sehr viel weniger passieren.

Das Rennen ist auf der Ziellinie beendet. Wir Wettkämpfer sind zufrieden, glücklich oder unglücklich über

So unterschiedlich kann Laufen sein (3)

das Resultat. Für den Körper ist jenseits des Zielstriches der Wettkampf aber noch längst nicht „gelaufen". Er hat mit den Folgen noch lange zu kämpfen. Seine Glykogen-depots sind geleert, meist besteht ein Wassermangel und Milchsäure hat sich in den Muskeln angelagert. Am ein-fachsten ist der Wassermangel zu beheben: Fruchtsäfte und Mineralwasser sind optimal. Da die Glykogenspei-cher sich in den Stunden unmittelbar nach dem Wett-kampf am schnellsten auffüllen lassen, sollten Sie nicht nur trinken. Banane, Trockenobst und Sportriegel bieten sich an, wenn der Appetit in der ersten Erschöpfungs-phase noch lange nicht zurückgekehrt ist.

▲ Nicht jeder Renn-kurs ist eben.

Lauf-Training ohne zu laufen

Irgendwann erreicht sie jeden, auch den begeistertsten Läufer, auch den absoluten Runningfan: die Läuferlangeweile. Doch auch auf einem solchen Tiefpunkt müssen Sie nicht auf gesunden Ausdauersport und Bewegungsspaß verzichten: Neuer Spaß ist durch neue, ungewohnte Ausdauerbelastungen zu erreichen.

Der nie um flotte Sprüche verlegene Emil Zatopek hatte noch den Slogan geprägt: „Laufen lernt man nur durch Laufen." Das Rennrad wurde notgedrungen nur bei Verletzungen bestiegen. Und Willi Horlemann warnte 1953 in seinem Buch „Marathonlauf" durchaus ganz im Sinne des Zeitgeistes: „Eine Sportart, die der Langstreckler auf jeden Fall meiden muss, ist das Radfahren – auch wenn das Rad nur als Verkehrsmittel benutzt wird –, da es sich auf die Muskeln und Organe des Langstrecklers ungünstig auswirkt."

Doch dann kam der Siegeszug des Triathlons. Plötzlich gab es Sportler, die Schwimmen, Radfahren und Laufen trainierten und trotzdem beim Laufen immer schneller wurden. Ausdauer erreicht man eben nicht nur durch Laufen. Laufen trainiert man auch sehr gut auf dem Rad, auf den Inline-Skates, auf den Skilanglauf-Brettern oder im Schwimmbecken.

Der Hauptvorteil des Lauftrainings gegenüber anderen Ausdauersportarten ist ein ganz einfacher: Laufen kann man überall, mit wenigen Ausrüstungsgegenständen und ohne große Vorbereitungen. Nur ein paar Laufschuhe muss man mitnehmen und kann loslaufen – Ort, Zeit und Wetter sind egal. Die großen Vorteile der Alternativsportarten sind: Zum einen die Abwechslung im Trainingsalltag, es werden ganz neue Horizonte im Leben des Ausdauersportlers sicht- und erlebbar. Darüber hinaus wird der gesamte Bewegungsapparat entlastet, Sehnen und Gelenke durch die andersartige Belastung geschont. Muskelgruppen, die beim Laufen vernachlässigt werden, werden ausgebildet und gekräftigt. Dagegen wird das Herz-Kreislauf-System durch alternatives Training anständig belastet. Das ist gerade in harten Trainingsphasen von Vorteil.

Eines muss sich jeder Läufer, der die neuen Disziplinen kennen lernen will, grundsätzlich hinter die Ohren schreiben: Da andere Muskelpartien eingesetzt werden, sollte auch der gut trainierte Läufer mit mäßigem Trainingsumfang beginnen.

Der Läufer als Radfahrer benötigt ein paar Ausrüstungsgegenstände mehr als in seiner ursprünglichen Sportart. **Alternative 1: Das Rennrad**
Unbedingt nötig sind: Ein fahrtüchtiges Rennrad, das ruhig schon ein paar Jahre auf dem Buckel haben darf, sowie ein Sturzhelm. Zusätzlich nützlich sind: Ein Tacho und eine Radhose. Ein hypermodern gestyltes, neues Rennrad ist zunächst genauso wenig nötig wie spezielle Fahrradschuhe. Alte ausgemusterte Wettkampfschuhe mit dünner Sohle reichen vollkommen für die ersten paar tausend Kilometer. Wer auf diesen Kilometern die Liebe zum Rad entdeckt hat, der kauft sich sowieso bald spezielle Radfahrschuhe mit Klickpedal-System und das dazu passende neue Rennrad.

Der radfahrende Läufer sollte sich zunächst darüber klar werden, welches Ziel er anstrebt. Normalerweise will er kein Radprofi werden, sondern für ihn gilt es die Ausdauerfähigkeit zu behalten oder zu verbessern. Der Schwerpunkt liegt also auf dem Training des Herz-Kreislauf-Systems. Deshalb ist es im Grunde uninteressant, wie schnell man fährt; die Trainingsbelastung, sprich die Herzfrequenz, muss stimmen.

Das bedeutet zum einen, in kleinen Gängen zu fahren. *Frühzeitig runterschalten*
Schließlich müssen nicht die typischen Radrennfahrer-Muskeln gebildet werden, sondern die Ausdauer soll bei geringem Kraftaufwand verbessert werden. Also immer wieder daran denken: Frühzeitig runterschalten, dann fällt das Fahren viel leichter. Die Trittfrequenz sollte für die einem lockeren Dauerlauf entsprechende Radausfahrt zwischen 80 und 100 Umdrehungen pro Minute liegen. Besitzen Sie einen Herzfrequenzmesser, so sollten Sie

sich nach der Herzfrequenz richten. Das andere Messinstrument, das an so gut wie jedem Rennrad angebracht ist – der Tacho – ist ein verführerisches Messinstrument. Sie müssen sich nicht nach den Geschwindigkeiten richten, die andere angeblich oder tatsächlich erreichen. Bei der Tour de France sind Tagesdurchschnitte über 40 km/h keine Seltenheit. Doch das sind Spezialisten in dieser Sportart und zudem noch Berufssportler, die den ganzen Tag nichts anderes tun als pedalieren.

Alternative 2: Das Mountainbike

Gelenkschonende Trainingskilometer kann man natürlich genauso gut auf dem Mountainbike absolvieren. Ich ziehe das geländegängige Rad vor, da ich dann mehr von der Landschaft sehe und mich auf Wald- und Feldwegen keine Autofahrer nerven, drängeln oder viel zu dicht an mir vorbeifahren. Allerdings müssen Sie auf einen Punkt achten: Das Mountainbike ist weniger für gleichmäßige lockere Ausdauerfahrten geeignet, wenn es im Gelände genutzt wird. Denn durch unterschiedliche Geländeformen, bergauf oder durch tiefen Sand steigt die Anforderung an das Herz-Kreislauf-System stark an, bergab ist dann wieder eine Erholung möglich. Das geländegängige Rad ist eine optimale Alternative für ein extensives Tempowechseltraining wie es das Fahrtspiel des Läufers darstellt.

► Trainingseinheiten auf dem Mountainbike bilden eine hervorragende Abwechslung im Läufer-Alltag.

Etwas ganz Besonderes mit einem hohen Erlebniswert ist der Skilanglauf. Die Grundvoraussetzung ist allerdings Schnee, und der fällt nun einmal in unseren Breitengraden nicht ständig. Bei der gleitenden Fortbewegung auf den schmalen Brettern fallen die Stauchbelastungen des Lauftrainings weg, der Bewegungsapparat des Läufers wird also trotz einer sehr intensiven Belastung des Herz-Kreislauf-Systems entlastet. Darüber hinaus werden wesentliche Muskelgruppen des Haltungsapparates trainiert. Gegenüber dem Laufen besteht der Vorteil darin, dass durch den Stockeinsatz der Oberkörper ebenso wie die Beine einer starken Belastung ausgesetzt ist. Auch die Arm- und Schultermuskulatur wird belastet. Viele Topläufer absolvieren im Winter einen Teil des Grundlagentrainings auf den Skiern. Die Marathonläuferin Katrin Dörre-Heinig berichtete über ihr Grundlagentraining 1999: „Wir sind im Winter ins Höhentraining gefahren, und ich habe dort morgens drei Stunden und nachmittags zwei Stunden Skilanglauf gemacht." In der darauffolgenden Saison lief sie ihre Bestzeit von 2:24:35 Stunden über Marathon.

Läufer sollten den klassischen Diagonal-Schritt bevorzugen und den Skating-Schritt den Ski-Spezialisten überlassen. Denn viele Läufer haben Schwächen im Bereich der Rücken- und Bauchmuskulatur. Gerade diese Muskelgruppen werden in der klassischen Technik stark beansprucht.

Alternative 3: Skilanglauf

Beim Skaten bestehen gleich zwei Hürden vor dem Starten: Einmal muss die Ausrüstung gekauft werden. Neben den Schuhen mit den schnellen Rollen darf auf keinen Fall die Schutzausrüstung vernachlässigt werden. Handgelenk-, Knie-, Ellenbogenschützer und der (Rad-)Sturzhelm sind unverzichtbar! Danach muss zunächst das Erlernen der richtigen Fahr- und Brems-Technik auf dem Programm stehen. Das Techniktraining bringt logischerweise nichts für die Ausdauer. Diese Zeit kann man jedoch als „Gymnastik" verbuchen. Aber sind die Grundlagen erst einmal erarbeitet, ist der „Kick" beim Skaten um so größer.

Alternative 4: Das Inline-Skaten

► Das Skaten ist eine hervorragende Trainingsalternative. Mittlerweile werden auch regelmäßige Wettkämpfe für Inline-Skater angeboten, eine willkommene Formüberprüfung nicht nur für Profis, sondern auch für Gelegenheits-Skater.

Wer die Technik beherrscht, der kann natürlich auch lange Ausfahrten auf den schnellen Rollen machen. Allerdings heißt die Achillesferse des Skaters „Rücken": Die Lendenwirbelsäule wird vor allem in gebeugter Haltung so stark belastet, dass man die Länge der Ausfahrten vorsichtig steigern sollte. So werden die entsprechenden Muskelpartien langsam aufgebaut. Deshalb empfehlen sich die Skates vor allem für Tempowechseltraining, sozusagen für ein Fahrtspiel auf Rollen. Auch für ein Kombinations-Training bestehend aus Laufen und Skaten sind die Inliner zu empfehlen. Allerdings sollten die Geräte mit den schnellen Rollen ausnahmslos immer als erstes benutzt werden, da die Aufmerksamkeit mit der Länge der Trainingszeit abnimmt. Und Skaten ist nun einmal gefährlicher als gemütliches Dahintrotten in Dauerlauf-Latschen.

Alternative 5:
Das Schwimmen

„Im Sommer bin ich neben dem Laufen sehr viel in Bergseen geschwommen und habe das ganz gezielt als Trainingsmaßnahme eingesetzt", erzählte Claudia Dreher, die Dritte des Frankfurt-Marathons 2000, nach diesem Rennen. Auch das Schwimmen lässt sich eben als ausgezeichnetes Alternativtraining einbauen. Hierbei braucht man sogar noch weniger Ausrüstungsgegenstände als beim Laufen: nur Badebekleidung und eine Chlorbrille. Statt Ausrüstung kann aber der Trainingsort zum Problem

werden. Denn nicht jeder hat einen Bergsee vor der Haus-
türe, und Hallenbäder sind nicht jedermanns Sache.
Das Schwimmen empfiehlt sich zur Schulung der Koordinationsfähigkeit. Außerdem: „Beim Schwimmen
kann man den Kreislauf trainieren, ohne das Knochen-
gerüst zu belasten, und im Wintertraining kann man sich
durchs Schwimmen eine hervorragende Grundlagenausdauer antrainieren", betont Volker Krajenski. Der deutsche Vizemeister über 100 km des Jahres 1992 mit einer
Marathon-Bestzeit von 2:18 Stunden baut das Schwimmen regelmäßig in sein Training ein. Krajenski war vor
seiner Läuferkarriere ein guter Schwimmer, der die 1.500
m Freistil in 18:35 Minuten schwamm.

Vor gut einem Jahrzehnt wurde das Aquajoggen bei uns
in Europa als Trainingsmöglichkeit bei langwierigen Verletzungen bekannt. Beim Aquajoggen wird der Körper
durch eine Auftriebsweste oder einen -gürtel aufrecht im
Wasser gehalten. Die Kosten für Weste oder Gürtel liegen
bei etwa 50 Euro. So kann man im tiefen Wasser wie in
der Schwerelosigkeit laufen und entlastet dadurch Sehnen, Bänder und Gelenke. Inzwischen haben einige Läufer das Aquajoggen als gelenkschonende Trainingsalternative entdeckt, die sie auch ohne Verletzung in harten
Trainingsphasen einbauen. Beim Aquajoggen werden
mehr Muskeln als beim Laufen an der frischen Luft eingesetzt. Denn Bewegungen wie das Zurückführen des
Beines beim Laufschritt oder die Pendelbewegungen der
Arme müssen aktiv gegen den Wasserwiderstand durchgeführt werden. Im Wasser lassen sich alle an Land möglichen Belastungsformen simulieren: alle Arten des Dauerlaufes, Tempo- und Intervall-Läufe.

Vor allem im Winter besteht die Schwierigkeit darin,
ein geeignetes Schwimmbad zu finden, in dem Sie unge-
stört im Wasser joggen können. Als guter Tipp haben sich
die kleinen Schwimmbäder von großen Hotels bewährt.
Denn beim Aquajoggen brauchen Sie ja für das Laufen
im Wasser nicht viel Platz, und meist sind solche Hotel-
schwimmbäder recht leer.

**Alternative 6:
Aquajogging**

Laufstil und Trainingsbuch

Laufstil: Bedeutsam – aber nicht entscheidend

▲ Dehnung der Hüftmuskulatur: Ein Knie auf dem Boden, Hüfte nach vorn bewegen.

▲ Dehnung innere Oberschenkelmuskulatur: Becken nach unten drücken.

Laufen ist ein anspruchsvolles Zusammenspiel von Armen und Beinen. Doch wie sehen diese koordinativen Bewegungen optimalerweise für den Langstreckenläufer aus? Über diese Frage gab es im letzten Jahrhundert immer wieder lange Diskussionen unter Trainern und Laufexperten. Josef Waitzer, über viele Jahre Reichssportlehrer des Leichtathletik-Verbandes, formulierte 1921 seine Hauptanforderung an den Langstreckenläufer so: „In der Schrittlänge spielt jeder Zentimeter durch die tausendfache Wiederholung eine Rolle. Der Langstreckenläufer muss deshalb danach streben, einen möglichst raumgreifenden Schritt zu erlangen, soweit es die Hebelverhältnisse seiner Glieder gestatten." Diese Auffassung gehört ebenso in die Mottenkiste der Trainingsgeschichte wie seine Forderung: „Je maschinenmäßiger der Lauf vor sich geht, desto sparsamer wirtschaftet der Läufer mit seinen Kräften."

Für den 1.500-m-Weltrekordler Otto Peltzer spielte der Laufstil eine ganz entscheidende Rolle. Heute wirken seine Statements in Sachen richtiges und falsches Laufen aus dem Jahr 1926 sehr befremdlich: „Den richtigen Laufstil (und es gibt nur einen richtigen, weil es auch nur ein gültiges Naturgesetz gibt) kann man nicht absehen, sondern nur erfühlen. Ich kann äußerlich alle Bewegungen richtig machen und doch die Kraft an falscher Stelle einsetzen." Peltzers Engagement für den korrekten Laufstil ging so weit, dass er sich vehement gegen Crossläufe einsetzte, weil diese seiner Meinung nach dem Laufstil schadeten: „Bei den wettkampfmäßig gestalteten Herbst- und Frühjahrswaldläufen sollte man unbedingt darauf achten, dass die Waldlaufwege vollkommen eben und gleichmäßig sind und einen guten leichten Laufstil ermöglichen."

Diese Vorstellung vom einzig richtigen Laufstil ist inzwischen längst überholt. So wie jeder Mensch einen anderen Körper hat, hat auch jeder Läufer einen ganz persönlichen, individuellen Laufstil, der von Größe, Gewicht, aber auch zum Beispiel von orthopädischen Fehlstellungen geprägt ist.

Der Laufstil hat genauso wie Beweglichkeit, Kraft und Koordinationsvermögen einen erheblichen Einfluss auf die Laufleistung. Denn ein ökonomischer Laufstil erfordert deutlich weniger Energie als ein unökonomischer Stil. Dazu ist die Verletzungsgefahr geringer. Das ist unbestritten. Aber eines muss auch ganz klar betont werden: Die Bedeutung auf den langen Distanzen ist begrenzt. Selbst unter den Weltklasseläufern gibt es Asse mit einem nicht besonders ästhetischen Laufstil wie die Britin Paula Radcliffe, die Olympiavierte über 10.000 m von Sydney 2000. Die Frage, wie schnell die Britin mit einer stilistisch sauberen Laufweise wäre, ist hypothetisch und wird nie beantwortet werden können. Das wichtigste Element beim langen Lauf ist und bleibt die Ausdauerfähigkeit. Deshalb müssen Läufer vor allem eines: Laufen.

Ein lockerer, ökonomischer Laufstil nutzt die Muskelkraft optimal zum Vorwärtskommen. Optimales Laufen zeichnet sich durch eine harmonische Bewegungsabfolge aus. Deshalb sollten Sie locker, natürlich und aufrecht laufen. Tragen Sie ihre Arme nicht einfach so mit sich, so sind die Arme nur Ballast. Setzen Sie die Arme zur schnelleren Fortbewegung ein. Die leicht angewinkelten Arme schwingen locker und parallel zum Körper. Aber zwingen Sie sich auf keinen Fall zu einer bestimmten Lauf- oder Armhaltung. Sie verkrampfen nur. Und eine verkrampfte Muskulatur kann nicht locker laufen.

Wenn zum Training der Ausdauer nur im langen, ruhigen Dauerlauf getrabt wird, hat das zur Folge, dass die Trainingswirkung auf die Kraftfähigkeit der Muskulatur recht gering ist. Schließlich ist der geübte Läufer am kraftsparenden Schritt – nicht zu lang, nicht zu kurz – zu erkennen. Das führt dazu, dass bei vielen Läufern das Herz-Kreislauf-System hervorragend entwickelt ist, während Kraft, Beweglichkeit und Koordinationsfähigkeit nur mäßig ausgebildet sind. Damit das nicht passiert, sind ein paar Grundregeln zu beachten:

▲ Dehnung hintere Oberschenkelmuskulatur: Beine überkreuz, Oberkörper zum Boden ziehen.

▲ Dehnung hintere Hüftmuskulatur: Fußgelenk auf das Knie legen, Gesäß zum Boden schieben.

Abwechslungsreich trainieren

▲ Dehnung vordere Oberschenkelmuskulatur: Ferse gegen das Gesäß drücken, Becken nach vorn schieben.

▲ Dehnung Schultermuskulatur: Arm schräg nach unten ziehen, Kopf geht in dieselbe Richtung.

▲ Dehnung der Rückenmuskulatur: Knie durchdrücken, Rücken nach oben ziehen.

1. Achten Sie darauf, nicht ständig in einem einzigen gleichförmigen Lauftempo zu trainieren. Ein abwechslungsreiches Training mit Hügelläufen, Fahrtspiel und Tempotraining sorgt für unterschiedliche Belastungsanforderungen an Muskeln und Bewegungsapparat.

2. Nutzen Sie die Möglichkeiten, die die alternativen Ausdauersportarten bieten. Beim Radfahren wird die Kraftausdauer besonders geübt, beim Inline-Skaten die Koordinationsfähigkeit genauso wie beim Schwimmen, beim Skilanglaufen werden die Armmuskeln trainiert. Gleichzeitig aber wird – eine genügend lange Übungsdauer vorausgesetzt – viel für die Ausdauer getan.

3. Der vierfache Olympiasieger Emil Zatopek lehnte allen überflüssigen Ballast wie Stilarbeit oder Gymnastik ab und beurteilte den Wert solcher Übungen mit folgenden plakativen Worten: „Sobaka (der Hund) betreibt doch auch keine Gymnastik, und wie schnell vermag er zu laufen! Wenn er aufwacht, dehnt und streckt er sich nur ein wenig und jagt im nächsten Augenblick einer Katze nach. Ich mache es wie Sobaka!" Doch der Fuchs Zatopek hat für sich selbst nach anderen, weniger plakativen Kriterien entschieden: „Ich weiß, welche stilistischen Fehler ich begangen habe, aber es hätte mich mehr Jahre gekostet, diese abzustellen, als mich konditionell bis an die Spitze zu bringen."

Diese Abwägung von Nutzen und Einsatz ist im Prinzip von jedem Läufer individuell zu treffen. Bleibt neben den grundlegenden Ausdauereinheiten noch Zeit und Power für Dehnübungen? Doch bei den meisten Läufern ist es wohl eher eine Frage der Bequemlichkeit und der Gewohnheit als eine Frage der Zeit.

Die althergebrachte Gymnastik oder das neumodische Stretching, das im Fahrwasser von Aerobic auf den deutschen Fitnessmarkt kam, sollten regelmäßig auf dem sportlichen Tagesplan stehen, um eine möglichst große Beweglichkeit und Geschmeidigkeit der Muskeln, Sehnen und Bindegewebe zu erreichen.

Gymnastik ist die dynamische Form, bei der die Dehnung durch federnde Bewegungen erreicht wird. Leider arten diese Bewegungen oft in ein verkrampftes Zerren aus. Deshalb ist das Stretching als Dehnübung vorzuziehen. Es ist die statische Form der Muskeldehnung. Das bedeutet, dass die Dehnungsstellung einige Zeit kontinuierlich beibehalten wird. Grundsätzlich müssen dabei gewisse Regeln beachtet werden. So darf der Sportler nur in aufgewärmtem Zustand dehnen. Die Dehnung wird etwa 20 Sekunden gehalten. Dabei darf es nicht zum Auftreten von Schmerzen kommen, es wird nicht gewippt oder geruckt. Wie bei allen anderen sportlichen Übungen gilt: regelmäßig, aber wohl dosiert stretchen. Ein paar Grundübungen sind auf den Seiten 168 bis 171 abgebildet. Wenn Sie diese wenigen Übungen regelmäßig durchführen, haben Sie schon eine ganze Menge für Ihre Beweglichkeit getan.

▲ Dehnung Brustmuskulatur: Körper vom angelehnten Arm wegdrehen.

4. Eine Steigerung der Maximalkraft bringt für Langstreckler überhaupt nichts. Aber ausreichende Kraft ist für eine funktionierende Bewegungs- und Skelettmuskulatur unbedingte Voraussetzung. Deshalb müssen wir diese Kraft trainieren, beim alternativen Radtraining, beim Schwimmen, beim Skilanglauf. Daneben sind Übungen sinnvoll, die zu mehr Muskelkraft führen.

▲ Dehnung seitliche Rumpfmuskulatur: Arm zur Seite ziehen.

Dafür müssen Sie nicht unbedingt in ein Fitness-Studio gehen: Beim Treppensteigen zwei Stufen auf einmal nehmen. In den lockeren Dauerlauf kann man sehr gut Einbein-Sprünge oder Kniehebeläufe einbauen. Die Fuß-, Bein- und Rumpfmuskulatur wird auch durch Treppaufläufe gefördert. Bauen Sie doch einfach das Treppenstück, an dem sie beim Dauerlauf vorbeikommen, in ihr Training ein und laufen sie ein paar Mal hoch. Armstrecker und Armbeuger werden hervorragend durch die guten alten Liegestütze und Klimmzüge trainiert. Aber auch hier gilt dasselbe Prinzip wie für das Ausdauertraining: Einmal Krafttraining im Monat bringt keine Kräftigung der Muskulatur, es muss schon regelmäßig durchgeführt werden.

▲ Dehnung Wadenmuskulatur: Ferse bleibt auf dem Boden, Oberkörper nach vorn neigen.

▲ Den einen für alle Läufer gültigen Laufstil gibt es nicht.

Die Laufprofis, die Asse, die Hochleistungssportler machen es nahezu alle. Das Führen eines Trainingsbuches bildet für sie eine wichtige Informationsquelle. Die Durchführung ihrer Trainingspläne kann so systematisch und regelmäßig kontrolliert werden. Jörg Peter, mit 2:08:47 Stunden deutscher Rekordhalter über die Marathonstrecke, erinnert sich genau: „Ich bin von den Trainingskameraden oft gehänselt worden, weil ich so viel aufgeschrieben habe. So habe ich neben dem Trainerprotokoll, das dem Trainer gegeben wurde, ein zweites für mich geschrieben." Nicht die lästernden Trainingskameraden, sondern Jörg Peter lief den Rekord. Die Gründe liegen sicher nicht in der Hauptsache am penibel geführten Trainingsbuch. Aber die Fülle von Informationen, die sich aus der regelmäßigen „Buchführung" ergeben, liefern wichtige Aufschlüsse über die Trainingsgestaltung. Höhepunkte oder sportliche Tiefschläge können im Nachhinein gründlich analysiert werden.

Trainingsbuch: Erkenntnisse für Anfänger und Profis

Nicht nur für die Cracks unter den Läufern ist ein Trainingsbuch – oder weniger leistungsbetont ausgedrückt: ein Lauftagebuch – sehr sinnvoll. Der Lauf-Einsteiger dokumentiert sich selbst gegenüber die Regelmäßigkeit seines Trainings. Wenn schwarz auf weiß alles festgehalten wird, erkennt man viel schonungsloser, wie oft die lauffreien Tage ein wenig zu ausgedehnt waren.

Je detaillierter niedergeschrieben wird, desto genauer kann man die Gründe für Fortschritte nachvollziehen. Die wichtigste Information ist natürlich die am jeweiligen Tag gelaufene Kilometerzahl und/oder die Dauer der Laufeinheit. Wetter und Streckenbeschaffenheit beeinflussen deutlich die Laufgeschwindigkeit. Also gehören ins Lauftagebuch Anmerkungen über das Wetter (z.B. heiß, schwül) und eine stichwortartige Streckenbeschreibung (wie: hügeliger Kurs oder: ebene Straße). Wer neben dem Laufen noch andere Sportarten betreibt, der sollte diese ebenfalls aufführen. Denn wer 50 km mit dem Rennrad gefahren ist, der hat mächtig trainiert, auch wenn keine Laufkilometer notiert werden können.

Wenn man seinen Körper gründlich beobachten will, sollte man morgens vor dem Aufstehen Ruhepuls und Körpergewicht messen und eintragen. Plötzlicher Pulsanstieg deutet auf Übertraining oder auf eine Krankheit hin, die man vielleicht noch gar nicht bemerkt hat. Wer jetzt aufpasst und gleich die Laufleistung zurücknimmt, weniger trainiert, der verhindert drohende Leistungs-Rückschläge.

Sinnvolles Wochenfazit

Sinnvoll ist eine Wochenzusammenfassung. Am Ende jeder Woche werden die sportlichen Leistungen zusammengezählt. Das macht, nebenbei gesagt, ganz schön stolz, wenn man auf die Kilometer der vergangenen Woche zurückblicken kann. Oder es motiviert, in der nächsten Woche endlich wieder mehr zu laufen. Oft haben weniger absolvierte Laufkilometer ja auch einen Grund, der außerhalb des Sports liegt. Wer rund um die Uhr beruflich gefordert wird, der kann natürlich nicht wie gewohnt trainieren. Also gehört das als Erklärung ins Trainingsbuch.

Verschiedene Formen bieten sich für die Aufzeichnungen über sportliche Höhen und Tiefen an. Selbstverständlich kann man alles auf einfachen Notizblättern festhalten. Damit die aber nicht schon bald verloren gehen, bietet sich eher ein eigenes Heftchen an. Viele Läufer benutzen einen einfachen Tischkalender, in dem sie jeden Tag ihre Kilometer und Zeiten eintragen. Schließlich gibt es noch spezielle Trainingstagebücher, die man in Laufshops kaufen kann. Spalten für Ruhepuls, Gewicht, Laufkilometer usw. gestalten die Aufzeichnungen sehr übersichtlich.

Eine weitere Steigerung an Übersichtlichkeit können sich computerkundige Läufer erkaufen. Denn inzwischen werden ausgereifte Computerprogramme angeboten, die unterschiedliche Auswertungen der eingegebenen Daten vornehmen. Nicht nur Wochen- und Monatsstatistiken können ausgedruckt werden, sondern auch die Anteile der jeweiligen Trainingskomponenten am Gesamtumfang, also wieviel Prozent ihres Trainings der Grundlagenausdauer dienen oder wie viel dem Schnelligkeitstrai-

ning. Mit Hilfe einer Tabelle oder eines farbigen Schaubildes lassen sich alle Trainingsaufzeichnungen exakt analysieren. Das klappt gut, das bringt neue Erkenntnisse über den Trainingsaufbau, und es bereitet nicht zuletzt demjenigen Vergnügen, der gerne am Computer sitzt.

▲ Stretchingübungen sind eine sinnvolle Ergänzung zum Lauftraining.

Richtige Ernährung

Für jede Laufleistung benötigt der Körper Energie. Diese Energie muss durch die Nahrung bereitgestellt werden. Allerdings müssen wir Läufer uns in der westlichen Überflussgesellschaft des 21. Jahrhunderts nicht ernsthaft die Frage stellen: Wie schaffe ich es, meinem Körper ausreichend Energie zuzuführen? Im Gegenteil, für die meisten ist eher interessant: Wie erreiche ich es, möglichst viel Energie zu verbrauchen? Die zweite aktuelle Fragestellung beschäftigt sich damit, was die richtige Energie darstellt, also die für Leistung und Wohlbefinden optimalen Nahrungsmittel.

Wenig Herzinfarkte in Hungerzeiten

Für den Waldnieler Läuferarzt Dr. Ernst van Aaken stellte sich diese Frage nicht. In seiner üblichen, alles auf die Spitze bringenden Art stellte er fest: „Es ist unwichtig, was wir essen, es muss nur wenig sein." Und er fügte hinzu: „Die wenigsten Herzinfarkte gab es in den Hungerzeiten nach dem Krieg." Nun ist diese Tatsache sicherlich kein Grund, sich die Kriegs- oder Nachkriegszeiten zurückzuwünschen. Mit gründlichem Wissen über Nahrungsmittel und Essensgewohnheiten – und einem regelmäßigen Ausdauertraining – lässt sich sehr wohl und ohne großen Verzicht ein gesundes Leben führen – sogar in unseren Zeiten des allgegenwärtigen Auto- und Fahrstuhlfahrens.

Dass bei Sportlern die scheinbar neuzeitlichen Gewichtsprobleme gar nicht so neu sind, verdeutlicht ein Auszug aus den Lebenserinnerungen des 1.500-m-Weltrekordlers Otto Peltzer. Schon in den zwanziger Jahren litt er unter dem „Jan-Ullrich-Syndrom", sprich an schnell zunehmendem Gewicht während der belastungsärmeren ersten Phase des Wintertrainings. Peltzer berichtet: „Dr. Brustmann legte größten Wert darauf, dass ich auch im Winter mein Renngewicht nicht durch Fettansatz vermehrte, und bestimmte eine genaue Diät. Er hatte beobachtet, dass ich bei dem Hallensportfest 1921/22 über 1.000 m nur deswegen geschlagen worden war, weil ich im Winter durch zu geringe Trainingsarbeit und zu reichliche Ernährung Übergewicht besaß. Mein Kampf galt jetzt also auch der Gewichtszunahme."

Unsere tägliche Ernährung besteht aus sechs Nährstoffen, von denen keiner in der Nahrung fehlen darf: Kohlenhydrate, Fett, Eiweiß, Vitamine, Mineralstoffe und Wasser. Die wichtigste Gruppe bilden die Kohlenhydrate, unser „Muskeltreibstoff". 60 % unserer Nahrung sollte gemäß der Empfehlungen der Ernährungswissenschaftler eigentlich aus Kohlenhydraten bestehen. Doch liegt der bei Untersuchungen festgestellte Ist-Wert nur bei rund 45 %.

Gute und schlechte Kohlenhydrate

Der Körper kann Kohlenhydrate nur in vergleichsweise geringer Menge in den Glykogendepots von Muskeln und Leber speichern. Auch wenn sich die Glykogenspeicher durch Ausdauertraining ganz erheblich vergrößern lassen, müssen die Speicher ständig neu aufgefüllt werden. Aus diesem Grund ist es wichtig, welche Kohlenhydrate wir zu uns nehmen. Denn die Gruppe der Kohlenhydrate ist keineswegs ein einheitlicher Komplex, sondern unterscheidet sich in ihrer Stoffwechselwirkung ganz beträchtlich. Die Kohlenhydrate sind in vier Gruppen aufzuteilen, die unterschiedlich lange Molekülketten besitzen. Die Einfach- oder Zweifachzucker (Mono- und Disaccharide) „schießen" nach dem Verzehr geradezu ins Blut. Schnell steht deren Energie zur Verfügung, schnell ist es aber mit der Herrlichkeit auch wieder vorbei. Denn der Organismus ist bestrebt, den Blutzuckerspiegel stets auf gleichbleibendem Niveau zu halten, da z.B. das Nervensystem auf eine ständige Versorgung angewiesen ist.

Als Reaktion auf die plötzliche Zuckerschwemme wird Insulin aus der Bauchspeicheldrüse freigesetzt. Das leitet die Umsetzung des überschüssigen Zuckers in Fett ein. Ein- und Zweifachzucker finden wir in Haushaltszucker, Marmeladen, Süßigkeiten, Honig, Erfrischungsgetränken wie Cola und Limonade. Diese Lebensmittel enthalten also vor allem kurzfristig zur Verfügung stehende Energie. Dagegen sind nur wenig Vitamine und Mineralstoffe vorhanden. Deshalb sollten nicht nur Ausdauersportler diese Produkte eher meiden.

Lebensmittel mit Mehr- und Vielfachzuckern (Oligo- bzw. Polysaccharide) werden langsam vom Körper aufgenommen, weil sie wegen ihres komplizierteren Aufbaus im Verdauungstrakt nicht so leicht zu spalten sind. So bleiben sie länger verfügbar und stellen deshalb ihre Energie gleichmäßiger zur Verfügung. Getreideprodukte wie Vollkornbrot und Müsli, Kartoffeln, Vollkornreis, Vollkornnudeln, Bananen, Salate und Hülsenfrüchte zählen zu dieser Gruppe, die für Läufer besonders interessant ist. Bezeichnend ist, dass Ugali, der kenianische Maisbrei, ebenfalls zu dieser Lebensmittel-Gruppe gehört. Er ist das Hauptnahrungsmittel der so überaus erfolgreichen Laufasse aus dem afrikanischen Hochland.

Werden die Kohlenhydratspeicher durch hartes Lauftraining geleert, sind die ersten Stunden danach besonders wichtig für die Wiederauffüllung. Also möglichst bald nach einer harten Einheit oder einem Wettkampf kohlenhydratreich essen und ausreichend trinken. Zudem sollten die Speisen Kalium enthalten, denn Kalium und Wasser werden zum Wiederaufbau der Glykogenstrukturen benötigt. Besonders kaliumreiche Nahrungsmittel sind Kartoffeln, Joghurt, Bananen und Orangen.

Fette machen nicht nur fett

Bei langsamem Lauftempo sind die Fette ein wichtiger Energielieferant. Diese Feststellung scheinen sich viele, zu viele Menschen – und zu allem Übel vor allem Nichtsportler – zu Herzen genommen zu haben. 40 Prozent der heutigen Ernährung besteht aus Fetten, eigentlich sollten es nur 25 Prozent sein. Aus dem großen Unterschied zwischen Ist- und Soll-Wert erklärt sich die große Zahl an Schwabbelbäuchen, die wir bei jedem Schwimmbadbesuch beobachten können. Deren Besitzer haben sich wohl noch nie klar gemacht, dass selbst bei Menschen ohne diese zusätzlichen Energiespeicher in Form von Bäuchen oder sonstiger Fettpolster bei Männern 15-20 % und bei Frauen 20-25 % des Körpers aus Fett besteht. Das bedeutet, dass ein 70 kg schwerer Mensch 10-17 kg Fett gespeichert hat. Und jedes Gramm dieser vielen Kilos Fett hat einen extrem hohen

Brennwert von 9 kcal. So ist selbst bei schlanken Menschen ein riesiges Energiedepot vorhanden.

Gerade wir Läufer, die wir Fett ja beim langsamen und langen Lauf verbrennen, sollten das Fett aber keinesfalls verteufeln. Denn Fette erfüllen wichtige Aufgaben im Organismus: Neben ihrer Funktion als Energiespeicher dienen sie der Wärme-Isolierung und sorgen dafür, dass die fettlöslichen Vitamine A, D, E und K aufgenommen werden können. Wir sollten versuchen, unser Fett zu einem möglichst großen Teil über Pflanzenöle mit mehrfach ungesättigten Fettsäuren aufzunehmen. Denn der Körper kann die unbedingt erforderlichen Fettsäuren nicht selbst produzieren. Kaltgepresstes Olivenöl ist hier die gesündeste Empfehlung.

Tierische Fette mit einem hohen Anteil an gesättigten Fettsäuren und Cholesterin müssen zugunsten von mehr Kohlenhydraten aus unserem Ernährungsplan zurückgedrängt werden. Machen Sie sich keine Sorgen, dass Sie zu wenig Fett mit der Nahrung aufnehmen könnten. Denn häufig ist das Fett gut versteckt in Fleisch, Wurst, Käse, Keksen, Schokoladen und Knabbergebäck untergebracht.

▲ Gelegentliche Ernährungssünden sind erlaubt. Das Bild zeigt Wolfgang Münzel, vor Jahren einer der besten deutschen Bergläufer, nach erfolgreichem Wettkampf mit einer Thüringer Bratwurst.

Am Anfang steht das Protein

Jede organische Lebensform ist aus Eiweiß oder Proteinen aufgebaut. Darauf weist schon der Name „Protein" hin, denn das Wort stammt vom griechischen protos: der Erste. So befinden sich in jeder menschlichen Zelle eine Vielzahl von Proteinen.

Die Aufgabe als Bausubstanz für den Zellaufbau ist niemals abgeschlossen, denn ständig müssen abgebaute Zellen ersetzt werden. Aus Eiweiß werden auch die Hormone und Enzyme aufgebaut, die den Ablauf aller Stoffwechselvorgänge im Körper regulieren. Die dafür vom Körper benötigten Proteine werden aus unserer Nahrung gewonnen.

Wenn ein Mangel an Kohlenhydraten besteht, kann der Körper das Eiweiß sogar zur Energiegewinnung heranziehen. Milchprodukte, Fisch, Fleisch, Geflügel und Eier sind Eiweißlieferanten, aber auch Gemüse, Kartoffeln, Nüsse und Hülsenfrüchte liefern diesen Stoff.

Unverzichtbare Vitamine

Vitamine wirken bei sämtlichen Stoffwechselvorgängen mit und sind lebensnotwendig. Da der Körper sie aber nicht selbst produzieren kann, müssen sie von außen zugeführt werden. Sie befinden sich vor allem in frischem Gemüse, Salat, Obst, Frischmilch und Fisch. Vitamine sind äußerst empfindlich. Durch lange Lagerung, UV-Strahlung und Erhitzen werden sie zerstört. Es gibt zwei völlig unterschiedliche Vitamingruppen: die wasser- und die fettlöslichen Vitamine. Wasserlöslich ist der gesamte B-Komplex, Vitamin C, Folsäure und Niacin.

Bei Stress, aber auch bei viel sportlicher Bewegung ist der Bedarf an Vitaminen erhöht. Dazu kommt noch, dass wasserlösliche Vitamine durch das Schwitzen verloren gehen. Wer jetzt Verlustängste hat, für den ist die Lösung ganz einfach: Viel Sport bedingt gleichzeitig einen größeren Kalorienbedarf. Der Läufer isst mehr und kann den Mehrbedarf an Vitaminen bei einer ausgeglichenen Mischkost ohne weiteres mit der normalen Ernährung decken.

Doch auch ich kenne die Sorge, nicht genug für meinen Körper getan zu haben. Also werden noch ein paar Vitamintabletten eingeworfen. Bei sehr starken Belastungssituationen und bei einer aufkommenden Erkältung haben wir tatsächlich einen erhöhten Vitaminbedarf. Eine zusätzliche Vitamingabe sollte jedoch nur in solchen Ausnahmefällen erfolgen. Eine vollwertige Ernährung macht eine durchgehende Vitaminsubstitution überflüssig. Auf der anderen Seite ist ein Zuviel an wasserlöslichen Vitaminen nicht schädlich. Sie werden über die Nieren ausgeschieden. Das gilt jedoch nicht für die fettlöslichen Vitamine E, D, K und A. Sie werden im Fettgewebe und Nervenzentren abgelagert und sollten daher nicht überdosiert werden.

Mineralstoffe und Spurenelemente

Mineralstoffe und Spurenelemente sind unverzichtbar als Nahrungsbestandteile. Sie liefern zwar keine Energie, beeinflussen aber als gelöste Elektrolyte die Eigenschaften der Körperflüssigkeiten. So wirken sie an der elektrischen Erregungsleitung in Nerven und Muskeln mit. Natrium, Kalium, Calcium, Chlorid und Magnesium sind die bekanntesten Mineralstoffe. Da Natrium und Chlorid im Form von Kochsalz praktisch in allen Speisen enthalten sind, ist ein Mangel so gut wie ausgeschlossen. Eisen, Zink, Jod, Kupfer und Selen sind Spurenelemente. Das Eisen wird wie auch die Mineralstoffe Magnesium und Kalium beim Laufen ausgeschwitzt. Das ist der Leistung nicht förderlich, weil gerade diese drei Stoffe für den Ausdauersportler wichtig sind. Kaliummangel bedeutet Müdigkeit und mangelnde Leistungsbereitschaft, Magnesiummangel führt zu Muskelkrämpfen. Eisen ist besonders wichtig, da es für Sauerstoff- und Kohlendioxydtransport nötig ist. Trotzdem sollten Eisentabletten nicht ohne ärztlichen Rat eingenommen werden. Bierhefe, Trockenobst und Weizenkeime verbessern die Versorgung und sind unbedenklich.

Ohne Wasser läuft nix

Ohne Flüssigkeit läuft in unserem Körper nichts, denn der besteht zu 55-60 % aus Wasser. Bei einem Körpergewicht von 60 kg bedeutet das einen Flüssigkeitshaushalt von 36 Litern! Alle Mineralstoffe und Spurenelemente sowie die meisten Vitamine könnten nicht zur Wirkung gelangen, gäbe es nicht Wasser als Lösungs- und Transportmittel. Außerdem ist es an der Wärmeregulation und an der Entgiftung des Körpers beteiligt. Schon ein Wasserverlust von 10 % ist tödlich.

Immer – besonders aber vor einem Marathon – ist es wichtig ausreichend zu trinken. Dass man genug getrunken hat, erkennt man daran, dass der Urin farblos ist. Gelber Urin ist ein sicheres Zeichen dafür, dass zu wenig getrunken wurde. Dagegen ist unser Durstgefühl kein sicherer Flüssigkeits-Indikator. Der Durst setzt viel zu spät ein, denn schließlich weist er ja auf eine Mangelsituation hin.

Gegenüber dem Nichtsportler hat das Trinken für den Läufer einen deutlich höheren Stellenwert. Denn bei jeder Muskelarbeit entsteht Wärme, die aus dem Körper abtransportiert werden muss. Nur gut 30 % der Energie des Stoffwechsels können nämlich in mechanische Energie umgesetzt werden. Das Abtransportieren der überschüssigen Wärme geschieht vor allem über das Schwitzen. Es ist also unbedingt nötig, dass Sportler schwitzen.

Schwitzen ist nötig Der Schweiß besteht nicht nur aus Wasser, er enthält auch Elektrolyte, die wir dem Körper zuvor mit der Nahrung zugeführt haben. Auch beim Schwitzen gibt es Anpassungsreaktionen des Körpers: Der gut Trainierte schwitzt mehr und schneller, denn er besitzt mehr und effizienter arbeitende Schweißdrüsen. Dafür ist die Zusammensetzung des Schweißes eine andere als beim Nichtsportler: Die Konzentration an Elektrolyten ist geringer, wichtige Mineralien werden vom Anpassungskünstler Körper nicht „verpulvert", sondern zurückgehalten.

Das sinnvollste Getränk zur Auffüllung des Flüssigkeitshaushaltes ist Wasser bzw. Mineralwasser. Nach ausgiebigem Schwitzen hat sich eine Apfelsaftschorle als optimal erwiesen, um dem ausgelaugten Körper neben der Flüssigkeit die Mineralien und Elektrolyte zurückzugeben, die er verbraucht und ausgeschwitzt hat.

Gesund mit drei Grundregeln Der normalen, alltäglichen Ernährung sollten drei Regeln zugrunde liegen:

▶ **Abwechslung:** Kein Lebensmittel enthält alle lebenswichtigen Nährstoffe. Das erträumte „Wundernahrungsmittel", das alle Ernährungsprobleme löst, gibt es nicht. Orangen liefern zum Beispiel Vitamin C und Kohlenhydrate, aber kein Eisen oder Proteine. Beim Rindfleisch ist es genau umgekehrt. Jedes Nahrungsmittel liefert verschiedene Vitamine und Nährstoffe. Diese Nährstoffe werden im Körper gespeichert, manche auf Vorrat wie das in Karotten, Tomatensauce und Brokkoli enthaltene Vitamin A. Bei anderen reicht der Vorrat nur kurz wie beim in Orangensaft und grünem Paprika enthaltenen Vitamin C. Deshalb sollten Sie darauf achten, jeden Tag eine abwechslungsreiche Kost aus den vier wichtigsten Nahrungsmittelgruppen zu essen: Milchprodukte, Obst und Gemüse, Fleisch oder alternative Eiweißlieferanten und Getreideprodukte.

▶ **Mäßigung:** Wichtig für das Wohlbefinden ist es, nicht unüberlegt irgendwelche Dinge in sich reinzuschaufeln. Es gilt aber auch der Grundsatz: Wer gesund leben und laufen will, muss kein Asket sein. Auch Ernährungssünden sind erlaubt! Der Doppelwhopper geht klar, wenn er nicht als regelmäßige Grundlagenernährung dient, sondern mal gegessen wird, weil er schmeckt.

▶ **Vollwertigkeit:** Geben Sie der natürlichen Vollwertkost (Vollkornprodukte, Naturreis, rohes Gemüse, Salate) Vorrang vor lebensmitteltechnisch aufbereiteten Produkten. Essen Sie also lieber Vollkorn- als Weißbrot, lieber Äpfel statt Apfelkuchen und Folienkartoffeln statt Kartoffelchips.

Gerade im oft ideologisch geprägten Kampf um die richtige Ernährungsweise darf man nicht immer alles auf die Goldwaage legen, was man gehört oder gelesen hat. Manchmal entwickeln sich ganz seltsame Legenden wie die um den Spinat, der so vielen Kindern allein deshalb aufgezwungen wurde, weil er besonders viel Eisen enthalten soll. Was sich jedoch inzwischen als Abschreibfehler herausgestellt hat, es hat nur jahrzehntelang niemand überprüft.

Legenden um das Essen

1.500-m-Weltrekordler Otto Peltzer deckte bei seinem ersten Zusammentreffen mit dem neunfachen Goldmedaillengewinner Paavo Nurmi auf, wie solche Fehlinformationen zustande kommen können. Peltzer fragte den wenige Minuten vor dem vereinbarten gemeinsamen Training Bohnenkaffee und „riesige Schinkenbrote" vertilgenden Paavo Nurmi: „Dann stimmt das also nicht, was man über dich verbreitet hat, dass du jedes Anregungsmittel verabscheust. Wie ich sehe stimmt es auch nicht, dass du vegetarisch lebst? Er (Nurmi) machte eine abweisende Handbewegung und sagte dann: ‚Weißt du, die Vegetarier sind große Idealisten, und als sie zu mir kamen und mich baten, ich solle doch einmal schreiben, wie nützlich die vegetarische Ernährung für den Sportsmann sei, habe ich ihnen den Gefallen getan, obwohl ich immer gern Fleisch gegessen habe. Vielleicht macht das Fleisch temperamentvoll und übermütig, und vielleicht ist es deshalb für Marathonläufer ganz gut, vegetarisch zu leben.'"

Laufen als lebenslanger Sport

Bei den Ausdauersportarten handelt es sich um ausgesprochene lebensbegleitende Sportarten. Sie können von der Kindheit bis ins hohe Alter betrieben werden. Erfreulich viele Menschen lassen sich das Laufvergnügen auch im Alter nicht nehmen.

▲ Alain Mimoun, Marathon-Olympiasieger 1956, läuft auch im Jahr 2001 noch regelmäßig.

Alain Mimoun-o-Kacha ist so einer. Nachdem der am 1. Januar 1921 in einem algerischen Berberdorf geborene Nomadensohn in der französischen Armee gedient hatte, vertrat er die französischen Farben ab 1946 auf den ganz langen Laufstrecken. Emil Zatopek war damals sein übermächtiger Gegner. Bei allen großen Meisterschaften blieb der Pförtner im Überseeministerium, der neben der Arbeit trainieren musste, Zweiter in den Rennen gegen den tschechischen Staatsamateur. Doch nach drei olympischen Silbermedaillen hatte auch er seinen ganz großen Tag: Bei den Olympischen Spielen 1956 in Melbourne gewann er gleich seinen allerersten Marathon in 2:25:00 Stunden. Weitere viereinhalb Minuten dauerte es, bis sein Freund Zatopek das Stadion erreichte.

Nach dem großen Triumph verabschiedete sich Mimoun nicht von der Laufbahn, sondern lief einfach weiter. Das Laufen war eben sein Leben. 1946, ein Jahr nach dem Ende des Zweiten Weltkrieges, hatte er 32:05,7 Minuten über die 10.000 m erreicht. Es ist kaum zu glauben, aber wahr: 27 Jahre später lief der Franzose mit inzwischen 52 Jahren immer noch im gleichen Zeitbereich: 32:36,2 Minuten betrug seine Jahresbestleistung 1973! Natürlich musste auch Mimoun seinem Alter Tribut zollen, aber auch mit 80 Jahren ließ er sich nicht von seinen ausgiebigen, täglichen Trainingsläufen abhalten.

Ein eindrucksvolles Beispiel für lebenslanges Laufen ist auch der Brite Ron Hill. Der Boston-Marathon-Sieger von 1970, der auf seiner Spezialstrecke die Goldmedaille bei der Europameisterschaft 1969 in Athen erkämpfte und auf eine Marathon-Bestzeit von 2:09:28 Stunden stolz sein kann, hat seit dem Dezember 1964 bis zum

Schreiben dieser Zeilen im März 2001 jeden Tag trainiert! Innerhalb von 36 Jahren hat er nicht einen einzigen Tag mit dem Laufen ausgesetzt! Und die Serie dauert an ...

Mimoun und Hill sind zwei Vertreter der Sportlerspezies, die schon in der Jugend Läufer waren und ihr ganzes Leben über Läufer geblieben sind. Als Senioren haben sie einen großen Vorteil: Sie wissen ganz genau, wie ihr Körper auf Belastungen reagiert. Doch wer sich als Rentner nicht auf das Altenteil legt, sondern die Laufschuhe schnürt, muss auf keinen Fall Olympiaheld gewesen sein. Die zahlenmäßig größere Gruppe von Seniorenläufern hat erst im mehr oder weniger fortgeschrittenen Alter mit dem Joggen begonnen. Mancher fing sogar erst nach dem Ausscheiden aus dem Berufsleben mit 60 oder 70 Jahren mit einem regelmäßigen Lauftraining an. Heute sind 80-jährige Läufer keine Seltenheit mehr.

Allerdings muss im Alter das Training etwas anders strukturiert werden. Während nämlich mit zunehmendem Alter die Ausdauer immer noch gut trainierbar ist, nehmen die Anpassungsmöglichkeiten an anaerobe Belastungen vom dritten Lebensjahrzehnt an zunächst sehr langsam, dann aber immer stärker ab. Muskelstrukturen ändern sich, denn schon ab dem 30. Lebensjahr sterben etwa 6 % aller Muskelfasern pro Lebensdekade ab. Dieser Alterungsprozess lässt sich auch durch Tempotraining nicht aufhalten. Genauso wie Laufen im Alter selbstverständlich keine Garantie für einen besonders langen Lebensabend ist. Laufen wirkt nicht lebensverlängernd. Aber es sorgt dafür, dass der Läufer gesünder, fitter und vitaler alt wird als seine gleichaltrigen Mitmenschen.

Die Leistungsfähigkeit bei Langstreckenläufern nimmt ab 40 Jahren alle zehn Jahre um 6-7 % ab. Je länger die gelaufene Distanz ist, desto langsamer sinkt die Leistungsfähigkeit. In dieser Lebensphase ist es wichtig, sich neu und anders zu motivieren. So ist es nur logisch, dass sich der Blick weniger auf absolute Zeiten und Rekorde als auf den Leistungsvergleich mit Gleichaltrigen richtet. Bei den meisten Straßenrennen erfolgt eine Wertung in getrennten Altersklassen. In Deutschland ist eine Einteilung

Gesünder, fitter und vitaler alt werden

in Fünf-Jahres-Abschnitte üblich. In der W35 werden beispielsweise Frauen gewertet, die innerhalb des Jahres 35 bis 39 Jahre alt werden. Inzwischen gibt es auch Landesmeisterschaften, deutsche Titelkämpfe für Senioren und sogar Europa- und Weltmeisterschaften. Der Prestigegewinn bei diesen Titelkämpfen ist zwar nicht so groß wie bei Olympischen Spielen. Aber innerhalb der Szene bedeutet der Titel des Deutschen Seniorenmeisters schon sehr viel. Schließlich liegt die Messlatte für die Leistungen auf dieser Ebene extrem hoch.

Wer schon seit vielen Jahren läuft und seine jetzige Leistungsfähigkeit mit der Fitness von vor 10, 20 oder 30 Jahren vergleichen will, für den existieren Tabellen, in denen der zwangsläufige Leistungsabfall im Alter dokumentiert ist. Anhand dieser Tabellen kann man aber auch die eigene Leistung mit den Leistungen der Weltbesten vergleichen und sich auf dieser Grundlage selbst einschätzen.

Die veröffentlichten Tabellen unterscheiden sich nur wenig. Die bekannteste und anerkannteste stammt vom Amerikaner Peter Mundle. Nach seinen Zahlen entspricht die Leistungsfähigkeit pro Altersklasse den in der folgenden Tabelle aufgeführten Prozentzahlen.

So sinkt die Leistung im Alter

Män-ner	5-21,1 km	Mara-thon	Frau-en	5-21,1 km	Mara-thon
M35	97,2 %	98,6 %	**W35**	97,0 %	98,5 %
M40	94,3 %	95,6 %	**W40**	93,7 %	95,2 %
M45	91,2 %	92,5 %	**W45**	90,4 %	91,8 %
M50	88,0 %	89,3 %	**W50**	86,8 %	88,2 %
M55	84,4 %	85,6 %	**W55**	82,9 %	84,1 %
M60	80,4 %	81,5 %	**W60**	78,4 %	79,7 %
M65	76,2 %	77,3 %	**W65**	73,8 %	75,0 %
M70	71,9 %	72,9 %	**W70**	69,1 %	70,2 %

Natürlich hinken solche Vergleiche immer ein wenig. Die Ergebnisse dieser Berechnungen sind kein objektives Maß, sondern ein Spiel mit Leistungen, die sich streng genommen nicht miteinander messen lassen. Aber interessant und aussagekräftig ist es eben doch, die Zeiten von Topläufern und Altersklassenläufern zu vergleichen. Mittlerweile gibt es sogar Läufe, die die Sieger nicht mehr nach der absoluten Zeit ermitteln, sondern „altersbereinigt".

Wer im Alter mit dem Laufen beginnt, der wird – bei richtigem Training – durchaus in den ersten Jahren einen Leistungszuwachs erreichen. Friedrich Tempel beispielsweise startete erst nach seiner Pensionierung mit 65 Jahren seine Läuferkarriere. Bis zum 70. Lebensjahr verbesserte sich der frühere Bankdirektor ständig. Zu Beginn der siebten Lebensdekade war er auf seinem läuferischen Leistungszenit, einer Marathonbestzeit von 3:15 h, angelangt! Doch ist das nicht der Normalfall. Der normale Läufer altert mit seinem Sport und muss sich dabei gewissen Regeln unterwerfen:

Laufen im Alter

1. Langsamer laufen: Es ist ganz wichtig zu akzeptieren, dass die körperliche Leistungsfähigkeit im Alter zurückgeht. Denn mit dem Wissen darüber kann sich der Seniorenläufer neu und positiv einstellen. Ansonsten ist er frustriert, weil er trotz gleich harten Trainings wie vor ein oder zwei Jahren „schlechter" läuft. Also wird das Training noch einmal verschärft und damit überzogen.

Die aktuelle Leistungsfähigkeit zählt

Das Training muss sich immer an der aktuellen Leistungsfähigkeit orientieren. Und wenn diese sinkt, so muss sich das Training daran anpassen. Das ist im Übrigen die gleiche Situation wie nach einer längeren Verletzungspause. Eine optimale Orientierungsmöglichkeit bietet auch hier der Herzfrequenzmesser. Dieses Instrument orientiert sich nicht an den früheren Bestzeiten. Es misst die Leistung an der momentanen Leistungsfähigkeit, und allein das ist richtig.

2. Länger regenerieren: „Wenn ich erst in Rente bin, dann lege ich noch mal so richtig los", diese Lebensplanung habe ich schon oft gehört. Doch regelmäßig hat sie sich als nicht realisierbar erwiesen. Denn der Altersklassenläufer benötigt eine längere Regenerationszeit zwischen den einzelnen Einheiten. Einfach mehr laufen funktioniert genauso wenig wie der Versuch schneller zu trainieren.

3. Gezielter essen: „Das Meiste und Gewöhnlichste, was Jugendfreunde nach spätem Wiedersehen aneinander bemerken, ist, dass sie dicker geworden", bemerkte schon 1803 der deutsche Dichter Jean Paul. An dieser Feststellung hat sich bis heute nichts geändert. Sie ist nicht nur mit zunehmender Bequemlichkeit im Alter zu erklären. Denn neben dem Absinken der Leistungsfähigkeit nimmt im Alter auch der Energie- und Fettbedarf ab. Wegen der abnehmenden Muskelmasse sinkt der tägliche Energieverbrauch um 15 kcal pro Jahr. Vergleicht man den durchschnittlichen täglichen Energiebedarf eines 25-Jährigen mit dem eines 55-Jährigen so beträgt der Unterschied etwa 400 kcal. Das ist schon eine beträchtliche Menge. Da der Bedarf an Vitaminen und Mineralstoffen aber nicht sinkt, ist besondere Sorgfalt bei der Auswahl der Lebensmittel angebracht. Achten Sie auf hochwertige, vitamin- und mineralhaltige Nahrung. Lassen Sie Kalorienbomben ohne Nährstoffgehalt möglichst oft links liegen.

4. Mehr genießen: Im fortgeschrittenen Alter sollte man verstärkt auf den Erlebniswert des Laufens setzen. Die Rennerei noch mehr genießen, und mit „mehr" ist auch eine längere Laufzeit für die gleiche Strecke gemeint. Die Natur noch intensiver erleben, ohne auf Zeiten und Herzfrequenzen zu achten – im Training und im Wettkampf. Wer lernt, die lustvollen Seiten des Laufens voll auszuleben und auszulaufen, der ist trotz Leistungsabfall auf der Gewinnerseite. Denn mit dem langsameren Tempo hat man auch mehr Zeit, den Sonnenauf- oder -untergang zu genießen, die seltsam verkrüppelten Bäume am Wegesrand zu bestaunen oder den kalten Ostwind im Gesicht zu spüren. Das sind durchaus Werte an sich, wichtigere Werte als hart erkämpfte Zeitverbesserungen.

Anhang

▲ Diese drei über
80 Jahre alten Läu-
fer nehmen noch
immer an Wett-
kämpfen teil.

Eine kleine Laufgeschichte

Bis etwa 1850 In unterschiedlichen Kulturen werden laufende Boten zum Überbringen von Nachrichten eingesetzt.

1793 GutsMuths gibt sein Buch „Gymnastik für die Jugend" heraus.

1.6.-12.7.1809 Vor Tausenden von Zuschauern legt Captain Barclay in Newmarket Heath 1.000 Stunden lang ohne Unterbrechung jede Stunde eine Meile zurück.

3.4.1863 Louis Bennett, genannt „Deerfoot", erreicht 18.589 m im Stundenlauf.

23.8.1886 Der Brite Walter George läuft die Meile in 4:12,8 Minuten.

1888 George Littlewood läuft 1.003 km beim Sechstagelauf, dieser Rekord hält 101 Jahre.

10.4.1896 Spiridon Louis gewinnt den ersten Marathon der Sportgeschichte.

25.9.1898 Erste deutsche Leichtathletik-Meisterschaften mit den 1.500 m als längster Laufstrecke.

29.7.1900 Erster deutscher Waldlauf-Wettkampf in Berlin-Hohenneuendorf.

28.3.1903 Alfred Shrubb gewinnt die erste internationale Crossmeisterschaft; aus dieser Veranstaltung entwickelte sich die Cross-Weltmeisterschaft.

10.7.1924 Paavo Nurmi gewinnt bei den Olympischen Spielen in Paris innerhalb einer Stunde über 1.500 m und 5.000 m.

22.8.1928 Die 800-m-Strecke der Frauen ist olympische Disziplin und fliegt anschließend wieder aus dem Programm.

7.-9.9.1934 Erste Leichtathletik-Europameisterschaft im italienischen Turin.

17.9.1939 Der Finne Taisto Maki drückt den 10.000-m-Weltrekord unter die 30-Minuten-Marke (29:52,6).

1.7.-20.9.1942 Der Schwede Gunder Hääg stellt in nur 82 Tagen zehn neue Weltrekorde auf Strecken zwischen 1.500 m und 5.000 m auf.

6.5.1954 Roger Bannister läuft als erster Mensch die Meile unter 4:00 Minuten.

1960 Murray Halberg wird 5.000-m-Olympiasieger und macht damit die Dauerlauf-Trainingsmethode von Arthur Lydiard weltbekannt.

13.10.1963 In Bobingen erster deutscher Volkslauf.

1967 Die „Lauf dich gesund Bewegung" startet in der DDR.

19.4.1967 Kathrine Switzer beendet den Boston Marathon trotz Frauen-Startverbot.

3.12.1967 Derek Clayton läuft mit 2:09:37 den ersten Marathon unterhalb der 2:10-Stunden-Grenze.

3.-10.09.1972 Zwei Goldmedaillen bei Olympia für den Finnen Lasse Viren über 5.000 m und 10.000 m.

1974 In der Bundesrepublik werden die ersten Lauftreffs werden gegründet.

11.10.1975 Erste deutsche Marathon-Meisterschaft für Frauen in Bräunlingen; Christa Vahlensieck wird Titelträgerin.

11.-16.8.1975 Erste Leichtathletik-Weltmeisterschaft der Senioren im kanadischen Toronto.

1981 IOC-Kongress in Baden-Baden, auf dem die Zulassungsbestimmungen so geändert werden, dass auch Profis bei den Olympischen Spielen starten dürfen.

7.-14.8.1983 Erste Leichtathletik-Weltmeisterschaft im finnischen Helsinki.

2.4.1984 Dr. Ernst van Aaken, der große Verfechter der Dauerlauf-Trainingsmethode und des Frauenlangstreckenlaufs, stirbt.

5.8.1984 Der Frauen-Marathon wird olympische Disziplin.

21.4.1985 Ingrid Kristiansen stellt mit 2:21:06 eine Marathon-Weltbestleistung auf, die 13 Jahre lang allen Angriffen standhielt.

31.10.1987 Erste deutsche Meisterschaft über 100 km in Hanau-Rodenbach.

5.10.1997 13.000 Meldungen bei der Köln-Marathon Premiere – der neue Lauf-Boom ist da.

10.9.2000 Der Berlin-Marathon erreicht die in Deutschland noch nie erreichte Zahl von 34.090 Teilnehmern, 22.833 Läufer erreichen das Marathonziel.

Laufen im monatlichen Blätterwald

Fünf überregionale Laufzeitschriften erscheinen monatlich in Deutschland. In alphabetischer Reihenfolge sind das:

condition
Meyer & Meyer Verlag
Von-Coels-Str. 390
52080 Aachen
Tel. 0241-958100, Fax 9581010
E-Mail:
verlag@meyer-meyer-sports.com

LAUFZEIT
Danziger Str. 219
10407 Berlin
Tel. 030-4235066, Fax 4241717
E-Mail: info@laufzeit-online.de
www.laufzeit-online.de

RUNNER'S WORLD
Heinrich-Vogl-Str. 22
81479 München
Tel. 089-7919159, Fax 7919150
E-Mail:
leserservice@runners-world.de
www.runnersworld.com
(in englischer Sprache)

RUNNING
Agentur WAG's
Postfach 5607
79023 Freiburg
Tel. 0761-2171759, Fax 2171761
E-Mail:
redaktion@running-magazin.de
www.running-magazin.de

SPIRIDON-Laufmagazin
Postfach 104527
40036 Düsseldorf
Tel. 0211-726364, Fax 786823
E-Mail: spiridon@t-online.de
www.laufmagazin-spiridon.de

In der Schweiz berichtet eine deutschsprachige Laufzeitung über die Belange der laufenden Eidgenossen:

FIT for LIFE
Neumattstr. 1
CH-5001 Aarau
Tel. 062-8366047
www.fitforlife.ch

Laufen im Internet

Neben Zeitschriften und Büchern hat sich auch für die Laufszene in den letzten Jahren das Internet als eigenständiges Medium entwickelt. Der Einstieg beginnt für die meisten deutschen Läufer mit **www.lauftreff.de**. Lauftermine, Presseschau, Neuigkeiten und vor allem viele intakte Links finden sich hier. Das österreichische Gegenstück ist die Homepage: **www.laufsport.co.at**. Die bedeutendste internationale Linksammlung finden Sie unter: **www.runtheplanet.com**.

Weitere wichtige Laufadressen im Internet:
www.aims-association.org – Verband der internationalen Straßenlauf-Veranstalter
www.dlv-sport.de – Deutscher Leichtathletik-Verband
www.dsb.de – Deutscher Sportbund
www.germanroadraces.de – Vereinigung der deutschen Straßenlauf-Veranstalter
www.iaaf.org – Internationaler LA-Verband
www.olympic.org – Internationales Olympisches Komitee

Eine kleine Auswahl der großen deutschen Läufe
Bad Frankenhausen: *www.kyffhaeuser-berglauf.de*
Berlin, Marathon: *www.berlin-marathon.com*
Bonn, Marathon: *www.bonn-marathon.de*
Düsseldorf, Kö-Lauf: *www.koe-lauf.de*
Duisburg, Marathon: *www.rhein-ruhr-marathon.de*
Frankfurt, 21,1 km: *www.spiridon-frankfurt.de*
Frankfurt, Marathon: *www.euro-marathon.com*
Hamburg, Marathon: *www.marathon-hamburg.de*
Karlsruhe, Marathon: *www.baden-marathon.de*
Köln, Marathon: *www.koeln-marathon.de*
München, Marathon: *www.medienmarathon.de*
Nürburgring-Lauf: *www.nuerburgringlauf.de*
Paderborn, Osterlauf: *www.paderborner-osterlauf.de*
Regensburg, Marathon: *www.stadtmarathon-regensburg.de*
Rennsteiglauf: *www.rennsteiglauf.de*
Schwerin, Fünf-Seen-Lauf: *www.fuenf-seen-lauf.de*
Stuttgart, 21,1 km: *www.stuttgart-lauf.de*
Trier, 21,1 km: www.triererstadtlauf.ipcon.de

Eine kleine Auswahl der großen internationalen Läufe
Boston-Marathon: *www.bostonmarathon.org*
Chicago-Marathon: *www.chicagomarathon.com*
Honolulu-Marathon: *www.honolulumarathon.org*
Jungfrau-Marathon: *www.jungfrau-marathon.ch*
Lausanne-Marathon: *www.lausanne-marathon.com*
London-Marathon: *www.london-marathon.co.uk*
New York-Marathon: *www.nyrrc.org/nyrrc/org/home.html*
Prag-Marathon: *www.vol.cz/pim*
Paris-Marathon: *www.parismarathon.com*
Rotterdam-Marathon: *www.rotterdammarathon.nl*
Stockholm-Marathon: *www.marathon.se*
Venedig-Marathon: *www.venicemarathon.it*

Wettkampfstrecken in Deutschland

Jede Woche locken in zahlreichen Städten, Dörfern und draußen in der Natur Wettkämpfe, die über die verschiedensten Distanzen führen. Um einen Überblick über die angebotenen Lauftermine, Strecken, und Startzeiten zu bekommen, gibt es mehrere Möglichkeiten. Die überregionalen Zeitschriften *LAUFZEIT, RUNNERS WORLD, RUNNING* und *SPIRIDON* bieten jeweils eine Übersicht über die aktuellen Lauftermine für den folgenden Monat. Einen Überblick über die Termine des ganzen Jahres können Sie sich ebenfalls leicht verschaffen:

1. Im Dezember-Heft der Zeitschrift *SPIRIDON* werden die Straßenläufe für das folgende Jahr übersichtlich nach Datum und Alphabet geordnet aufgelistet.
2. Im Januar-Heft der Zeitschrift *LAUFZEIT* werden die Lauftermine des ganzen Jahres in einem Sonderteil aufgeführt.
3. Alle deutschen Volksläufe werden im *Volkslauf-Kalender* des DLV abgedruckt. Der kann bestellt werden bei der Leichtathletik-Fördergesellschaft, Alsfelder Str. 27, 64289 Darmstadt.
4. Die Volkslauf-Termine sind im Internet unter *www.dlv-sport.de* durch Klicken auf die Rubrik Volkslauf abzurufen.

Einsteigerläufe

Damit die noch unerfahrenen Lauf-Einsteiger sich in dem großen Wettkampf-Angebot zurechtfinden, habe ich auf den folgenden zwei Seiten eine Auswahl an Straßen-, City- und Landschaftsläufen zusammengetragen, bei denen Einsteiger besonders gut aufgehoben sind. Hier wird niemand schief angesehen, wenn er sich viel Zeit zur Bewältigung der Rennstrecke nimmt. Hier stimmen auch die organisatorischen Voraussetzungen. Es sind nur die kurzen Einsteigerstrecken bis höchstens 15 km aufgeführt. Bei manchen Veranstaltungen werden darüber hinaus noch längere Distanzen für bereits erfahrene Läufer angeboten. Diese Strecken habe ich in Klammern beigefügt. Die folgende Liste der Einsteigerläufe bedeutet aber keinesfalls, dass die vielen anderen Wettkämpfe in Deutschland kein gutes Angebot für Anfänger bieten. Es ist lediglich eine erste, auf jeden Fall unvollständige Auswahl zum Einsteigen in die Laufszene.

Januar
Ratingen, 10 km
R. Czeschla, Ringstr. 3, 40882 Ratingen, 02102-154848, Fax: 154848.

Januar/Februar
Köln-Porz, 5 km, 10 km (+15 km, + 21,1 km), (Serie, 3 Läufe)
H. Urbach, Josefstr. 64, 51143 Köln, 02203-52392, Fax: 52392.

März
Celle, 5 km, 10 km, 15 km (+ 20 km)
MTV Celle über: Tourismus Region Celle, Markt 14-16, 29221 Celle, 05141-1212.

Hohenbocka, 6 km, 15 km (+ 30 km)
Petra Groß, Gartenstr. 3, 01945 Hohenbocka, 035756-60943, Fax: 13100.

Dresden, 10 km
AOK-Citylauf, Postfach 160136, 01287 Dresden, 0351-4592717.

Göttingen, 10 km
BSG Sparkasse Göttingen, H. Heinig, Postfach, 37095 Göttingen, 0551-4052390, Fax: 4052310.

April
Köln Severinsviertel, 10 km
G. Herkenrath, Severinstr. 81, 50678 Köln, 0221-327606, Fax: 315938.

Würzburg, 10 km
A. Langenbrunner, Uhlandstr. 13, 97072 Würzburg, 0931-81004.

Paderborn, 10 km (+ 21,1 km)
H. Wiczynski, Pankratiusstr. 52, 33098 Paderborn, 05251-760407, Fax: 760153.

Mai
Aschaffenburg, 7,9 km
HypoVereinsbank Club e.V., z.Hd. S. Kreher, Weißenburger Str. 20-26, 63739 Aschaffenburg, 06021-3831145, Fax: 1277.

Wilstedt, 10 km, 5 km
H. Lundt, Cloppenburger Str. 7, 27412 Tarmstedt, 04283-1713, Fax: 930430.

Berlin, 10 km, 5 km Frauenlauf
(Hier bleiben die laufenden Frauen unter sich.)
SCC Running, Waldschulallee 34, 14055 Berlin, 030-3025370, Fax: 030-3062203.

Juni
Kröv, 9,4 km
M. Engels, Postfach 7, 54536 Kröv, 06541-1400, Fax: 4946.

Neuss, 4,1 km, 8,2 km
K. Ehren, Schorlemer Str. 131a, 41464 Neuss, 02131-49345, Fax: 41026.

Mettenheim, 10 km, 5 km
Erwin Fladerer, Ampfinger Str. 23, 84562 Mettenheim, 0177-5996803, Fax: 08636-698253.

München, Stadtlauf
Sport-Scheck, Sendlinger Str. 6,
80307 München,
089-21660, Fax: 08024-906142.

Ratekau, 15 km, 7,5 km
J. Ehlers, Schulkoppel 26b, 23689
Pansdorf, 04504-5148, Fax: 67354.

Borgholzhausen, 8,04 km
LC Solbad Ravensberg, Postfach
1236, 33829 Borgholzhausen,
05425-7135, Fax: 933124.

Darmstadt, 5,0 km
W. Raatz, Am Gernböhl 1,
64405 Niedernhausen-Fischbachtal,
06166-60216, Fax: 60218.

Trier, 10 km (+ 21,1 km)
Trierer Stadtlauf e.V., Am Herren-
brünnchen 6a, 54295 Trier,
0651-42222, Fax: 72222.

Juli
Stuttgart, 7,5 km (+ 21,1 km)
Stuttgart-Lauf, Mercedesstr. 83,
70372 Stuttgart, 0711-95590222,
Fax: 95590215.

Schwerin, 10 km (+ 15 km, + 30 km)
TuS Schwerin, Meldebüro FSL, Postfach 111102, 19011 Schwerin.

August
Berlin Kurfürstendamm, 5 km, 10 km
SCC Running, Waldschulallee 34,
14055 Berlin,
030-3025370, Fax: 030-3062203.

September
Düsseldorf, 4 km, 10 km
IG Kö-Lauf, Karl-Heinz Engels,
Heinrichstr. 56, 40239 Düsseldorf,
0211-635396, Fax: 635396.

Tübingen, 7,5 km
LAV Tübingen, G. Ulrich, Hirschau-
erstr. 40, 72070 Tübingen,
07071-42645, Fax: 400577.

Hamburg, 10 km Alsterlauf
Büro Schölermann, Alsterlauf, Neß
1, 20457 Hamburg,
040-371381, Fax: 371333.

Oktober
Hachenburg, 6,5 km, 10 km (+ 21,1
km + Marathon)
Hans-Jörg Sievers, Steinweg 34,
57627 Hachenburg,
02662-7214, Fax: 7771.

November
Hockenheimring, 3 km, 10 km
ASG Triathlon Hockenheim, Oskar
Stephan, Kolpingstr. 1/1, 68766
Hockenheim, 06205-16231.

Dezember
Herborn, 8,3 km
Artur Schmidt, Eichendorffhöhe 26,
35745 Herborn, 02772-3762, Fax: 3762.

Bietigheim, 11,2 km
Erwin Veigel, Grabenstr. 3, 74369
Löchgau, 07143-21970, Fax: 21970.

München, 10 km
MRRC München, Postfach 800169,
81601 München, Fax: 089-404034.

Ausgewählte und kommentierte Literatur

Bücher zur Geschichte des Laufens

Bauch, Herbert; Birkmann, Michael: „…die sich für Geld sehen lassen…", Marburg 1996.
Von den deutschen Schnellläufern des 19. Jahrhunderts berichtet dieses Buch. Neben den Schilderungen der Wettkämpfe erfährt man einiges aus dem Leben der damaligen Berufsläufer.

Bernett, Hajo: Leichtathletik im geschichtlichen Wandel, Schorndorf 1987.
Die Darstellung des Sporthistorikers Bernett reicht von den ersten Anfängen der Leichtathletik bis zum Ende der nationalsozialistischen Zeit.

Blödorn, Manfred, (Hg.): Sport und Olympische Spiele, Hamburg 1984.
Blödorn beschäftigt sich kritisch mit der Geschichte der Olympischen Spiele. Als Problemfelder werden Doping, Kommerzialisierung und Politisierung im Umfeld der Spiele und ihre Wirkung bis in den Breitensport hinein untersucht.

Borowik, Hans: Der Waldlauf, Berlin 1924.
Borowik, der als erster Deutscher die 10.000 m unter 36:00 min lief, beschreibt in diesem Buch die Geschichte des Waldlaufes von den Anfangstagen bis ins Jahr 1924. Neben der allgemeinen Entwicklung finden sich viele Statistiken über die Sieger der frühen Waldläufe.

Borowik, Hans: Deutscher Athletik Almanach 1924, Berlin 1924.
Die Biographien damals bekannter Leichtathleten werden vorgestellt. Daneben schildert Borowik die Geschichte der ersten Leichtathletikjahre. Für den Langstreckenläufer besonders interessant ist ein Abriss über die ersten 25 Jahre des Marathonlaufes in Deutschland.

Cierpinski, Waldemar; Volker Kluge: Meilenweit bis Marathon, Berlin, ohne Jahrgang.
Der Sporthistoriker Volker Kluge beschreibt die Geschichte und die Geschichten des Marathonlaufes, der Olympiasieger Cierpinski schildert sein Leben und gibt Lauf-Tipps für Breitensportler.

Kamper, Erich, Soucek, Herbert: Olympische Heroen, Erkrath 1991.
Die vorgestellten Portraits von Olympiateilnehmern und Anekdoten aus fast hundert Jahren olympischer Geschichte bieten eine Fülle von interessanten Informationen. Die ganze Palette an olympischen Sportarten wird abgedeckt, besonders vielfältig sind aber die Informationen rund um das Laufen.

Kozik, Frantisek: Emil Zatopek in Fotografien, 1954.
Mit einem kurzem Vorwort von Emil Zatopek, einem Nachwort seines Arztes und einem sehr ausführlichen, sehr persönlichen Portrait Zatopeks, geschrieben von Kozik. Dann folgen einmalige Fotos aus der Karriere des Ausnahmeläufers.

Lenz, Paul (Hrsg): 11 unserer besten deutschen Leichtathleten, Dortmund um 1925.
Elf deutsche Top-Leichtathleten der Zeit nach 1920 beschreiben in dem Buch selbst ihren Weg an die Spitze, darunter der Mittelstreckler und spätere 1.500-m-Weltrekordler Dr. Otto Peltzer und der Langstreckler Emil J. Bedarff.

Matthews, Peter: The Guinness book of track and field athletics facts & feats, London 1982.
Peter Matthews beleuchtet die an Zahlen und Daten ja wahrlich nicht arme Leichtathletik-Geschichte unter dem Blickwinkel: Wer war unter diesem Aspekt der Größte, wer unter jenem Aspekt. Die Fülle von Informationen ist für den gezielt suchenden Leser nicht sehr übersichtlich gegliedert.

Müller-Windisch, Manuela: „Aufgeschnürt und außer Atem", Die Geschichte des Frauensports, München 2000.
*Manuela Müller-Windisch stellt dar, auf welche Weise Frauen den Zugang zur männlichen Domäne des Sports er-*kämpften und so wesentliche Veränderungen in Alltag und Gesellschaft bewirkten. Sie erzählt dabei zwangsläufig auch eine Menge über die Geschichte des Männersports. Viele interessante Details werden ausgegraben, allerdings gibt es kaum spezielle Informationen zur Geschichte des Frauenlaufes.*

Oettermann, Stephan: Läufer und Vorläufer, Frankfurt/Main 1984.
Der Autor sieht in den Schnell- und Kunstläufern die Wegbereiter des modernen Laufsports. Er untersucht den Aufstieg der Schnellläuferei und deren wichtigsten Protagonisten bis zum Ende dieser Epoche.

Peltzer, Dr. Otto: Umkämpftes Leben, Berlin 1955.
Der 1.500-m-Weltrekordler schildert spannend sein Leben. Dabei lernt der Leser nicht nur den Menschen und Sportler Otto Peltzer kennen. Zahlreiche bekannte Läufer aus der Sporthistorie werden aus dem sehr persönlichen Blickwinkel Peltzers lebendig.

Bücher über die allgemeinen Grundlagen

Aaken, Dr. med. van: Das van Aaken Lauflehrbuch, Aachen 1984.
Anders als der Titel vermuten lässt, handelt es sich nicht um ein durchkonzipiertes Laufbuch, sondern um eine Sammlung der wichtigsten Aufsätze Dr. van Aakens rund ums Laufen.

Aaken, Dr. med. van: Alternativ-Medizin durch Ausdauer, Düsseldorf 1984.
Der 719 Seiten zählende Wälzer fasst van Aakens Untersuchungen und Artikel zu verschiedensten Krankheiten, alternativen Heilungsansätzen und den positiven Wirkungen von Ausdauertraining auf den menschlichen Körper zusammen.

Aaken, Dr. med. van, Lennartz, Dr. Karl: Das Laufbuch der Frau, Aachen, 1985.
Im ersten Teil des nach dem Tod von Dr. van Aaken veröffentlichten Buches werden seine wichtigsten Schriften zum Frauenlanglauf veröffentlicht. Da die Aufsätze aus mehreren Jahrzehnten stammen, wurden sie mit erklärenden Erläuterungen versehen. Im zweiten, deutlich kürzeren Teil gibt Karl Lennartz praktische Empfehlungen für laufende Frauen.

GutsMuths, Johann Christoph Friedrich: Turnbuch für die Söhne des Vaterlandes, Frankfurt 1817.
GutsMuths fasst in diesem Buch sein Lebenswerk zusammen und beschreibt die von ihm entwickelten Turnübungen. Grundlage ist für ihn das Laufen. Viele der Übungen aus dem Bereich des Laufens sind noch heute überraschend aktuell.

Kremer, Dr. H.-G., Scheibe, Dr. J., Schröder, Prof. Dr. (Red.): Rennsteiglauf, Berlin 1982.
Die Geschichte des Rennsteiglaufes bis 1980. In einem zweiten Teil veran-

schaulichen die Autoren die Wirkungen des Ausdauertrainings ganz allgemein auf den Organismus und geben ausführliche Trainingshinweise.

Krümmel, Dr. Carl: Athletik – Ein Handbuch der lebenswichtigen Leibesübungen, München 1930.
Mit 645 Seiten sehr umfassender Überblick über die Leichtathletik mit Beiträgen zu Geschichte, Grundlagen und Trainingslehre.

Nett, Toni: Modernes Training weltbester Mittel- und Langstreckler, Berlin, Frankfurt, München, 4. Aufl. 1972
Der frühere Sprinter Nett schildert die in den siebziger Jahren modernen Trainingsmethoden des Australiers Cerutty und des Neuseeländers Lydiard. Im zweiten Teil werden die Trainingspläne weltbester Mittel- und Langstreckler vorgestellt.

Sarkowicz, Hans (Hrsg.): Schneller, höher, weiter, Frankfurt 1999.
In verschiedenen Aufsätzen wird die Entstehungsgeschichte und sozio-kulturelle Bedeutung einzelner Sportarten wie Fußball oder Leichtathletik anschaulich und kritisch beschrieben. Die Liste der Autoren reicht vom Kabarettisten Matthias Beltz über Sportreporter Addi Furler bis zum Sportwissenschaftler Arnd Krüger.

Sonntag, Werner: Mehr als Marathon, Aachen, 1985.
Der bekannte Laufjournalist Werner Sonntag ist selbst begeisterter 100-km-Läufer. Hier beschreibt er die Ge-

schichte des Ultralaufes und erklärt, welche besonderen Anforderungen Training und Wettkampf an den Ultraläufer stellen.

Stauzenberg, S.E.: Gesundheitstraining, Volk u. Gesundheit, Berlin 1977.
Aus ärztlicher Sicht werden zunächst sehr ausführlich die Voraussetzungen dargestellt, die ein Gesundheitstraining erforderlich machen. Dann wird darauf eingegangen, auf welche Art ein solches Gesundheitstraining erfolgen kann.

Weber, Alexander (Hrsg.): Hilf Dir selbst: Laufe!, Paderborn 1999.
Die Aufsätze verschiedener Autoren wollen Handlungsmuster für diejenigen bereitstellen, die „Anregungen und Hilfen für das tägliche Gesundheitshandeln" wünschen. Neben einem kurzen Blick in die Geschichte werden verschiedene Konzepte für ein gesundes und erfolgreiches Laufen angeboten.

Waitz, Grete / Gloria Averbuch: Grete Waitz Worldclass. Eine Frau läuft sich frei, Aachen 1989
Diese autobiografische Skizzen einer der weltbesten Langstreckenläuferinnen der siebziger und achtziger Jahre geben einen guten Einblick, wie Training und Wettkampf auf hohem Niveau und der Alltag zu verbinden sind. Und weil auch Grete Waitz nicht alles zufiel, sie ehrlich ihre Höhen und Tiefen beschreibt, ist das Buch motivierend für alle Frauen, die ihren Sport ambitioniert betreiben.

Trainingsbücher

Brustmann, Martin: Olympisches Trainerbuch. Berlin 1920.
Der von der jungen Sportart Leichtathletik begeisterte Sportarzt beschreibt den Stand der Trainingslehre zwei Jahre nach dem Ersten Weltkrieg. Nicht nur das Laufen, sondern das gesamte Spektrum der Leichtathletik-Disziplinen wird beschrieben.

Edwards, Sally: Leitfaden zur Trainingskontrolle, Aachen 1994.
Die Grundlagen der Trainingsgestaltung mit dem Herzfrequenzmesser werden ausführlich dargelegt.

Horlemann, Willi: Marathonlauf, Berlin 1953.
Eines der ersten deutschen Bücher, das sich ganz dem Marathontraining widmet: Hinweise zu Technik, Taktik, Lebensweise, Trainingsgestaltung, Trainingspläne und Statistik.

Köhler, Helmut: Lauf dich gesund!, Berlin 1973.
Trainingsanleitungen für den Laufanfänger in der DDR. Mit kleinem Rückblick auf die Geschichte der Trainingsmethoden.

Lydiard, Arthur L.: Meine Methoden beim Mittel- und Langstreckentraining, München, Berlin, Frankfurt 1969.
Der neuseeländische Trainer Lydiard beschreibt in diesem Buch seine Trainingsmethoden. In der deutschen Ausgabe wurde jeweils der englische Ori-

ginaltext und die deutsche Übersetzung auf der einer Doppelseite platziert. *Im Anschluss an die Schilderung des Trainingssystems und Trainingsablaufs werden konkrete Trainingspläne gegeben. Allerdings wendet sich dieses Buch nicht an Breitensportler.*

Lydiard, Arthur L.: Jogging mit Lydiard, Aachen 1990.
Der Erfolgstrainer der Spitzenläufer übersetzt seine Erkenntnisse über ein erfolgreiches Training in diesem Buch auf die Bedürfnisse des Joggers. Nicht Topzeiten, sondern die Anforderungen des Laufens an den Breitensportler stehen im Vordergrund.

Martin, David E.; Coe, Peter N.: Mittel- und Langstreckentraining, Aachen 1992.
Die Trainer Dave Martin und Peter Coe, Vater und Trainer des zweifachen britischen Goldmedaillen-Gewinners Sebastian Coe, legen auf fast 500 Seiten ihre trainingsmethodischen Grundlagen dar. Da sie sich wissenschaftlicher Terminologie bedienen, ist das nicht immer einfach zu lesen.

Nett, Toni: Ihr Weg zum Erfolg, Teil 1 & 2, Stuttgart 1951 & 1952
Toni Nett berichtet, wie weltbeste Sportler trainieren. Er reiht jedoch nicht nur Trainingspläne aneinander, sondern bettet sie in Sportgeschichte, Hintergründe und Besonderheiten des jeweiligen Landes ein. Teil 1 beschäftigt sich mit den Verhältnissen in den USA und England, Teil 2 mit Schwe-

den, Finnland, der Tschechoslowakei und Deutschland.

Neumann, Pfützner, Hottenrott: Alles unter Kontrolle, Aachen 1993.
Die drei Wissenschaftler zeigen Methoden zur Planung, Durchführung, Kontrolle und Auswertung des Trainings auf. Verbunden wird das mit Beispielen aus der Praxis.

Pihkala, Lauri: Allgemeine Richtlinien für das athletische Training, Berlin 1937.
Der finnische Nationaltrainer Pihkala, der unter anderem Hannes Kolehmainen und Nurmi trainierte, fasst seine grundlegenden Thesen zu leichtathletischem Training zusammen.

Neumann, Georg: Ausdauerbelastung, Leipzig, Heidelberg 1991.
Wissenschaftliche Hintergrundinformationen zu den verschiedenen Aspekten des Ausdauertrainings werden aus sportmedizinischer Sicht zusammengestellt.

Steffny, Manfred, Marathontraining, 14. Auflage, Mainz 1999.
Der Marathon-Olympiateilnehmer von 1968 und 1972 und Herausgeber des SPIRIDON-Laufmagazins hat mit diesem Buch den deutschen Klassiker über den Marathonlauf verfasst. Seit der ersten Ausgabe 1977 erschienen inzwischen 14 Auflagen. Manfred Steffny vermittelt Grundlagenwissen rund um den Marathonlauf und bietet konkrete Trainingspläne für verschiedene Leistungsklassen. War das Buch bei sei-

nem ersten Erscheinen die Bibel der deutschen Marathonläufer, so bietet die völlig überarbeitete 14. Auflage auch auf einem veränderten Buchmarkt eine einzigartige Fülle von Informationen rund um den Marathonlauf.

Ratgeber

Craythorn, Dennis / Rich Hanna: Der Marathonreiseführer, Mülheim 2000
Detailliert und aus eigener Anschauung beschreiben die Autoren mehr als hundert der schönsten und beliebtesten Marathonläufe der Welt.

Czioska, Frank: Der optimale Laufschuh, Aachen 2000.
Von anatomischen Grundlagen und dem Schuhaufbau bis zur Biomechanik des Laufens schreibt Frank Czioska mit viel Fachwissen über die Problemstellungen rund um den Laufschuh.

Diem, Carl-Jürgen, Tips für Laufanfänger, Aachen 1987.
Der Leiter des Darmstädter Lauftreffs, des größten in Deutschland, wertet seine Erfahrungen in der Anfängerbetreuung aus. Er rät dem Anfänger nicht nur, wie er trainieren sollte, um zum Läufer zu werden. Er versucht auch die komplizierten Vorgänge, die dabei im Körper ablaufen, zu erklären.

James F. Fixx: Das komplette Buch vom Laufen, Frankfurt/M. 1983
Ein Klassiker aus den Anfangstagen

der amerikanischen Joggingwelle, in deutscher Übersetzung mit Bezugnahme auf die Volkslaufbewegung. Ein Einsteigerbuch.

Mangnus, Henk; de Vugt, Mattie: Trainingsrezepte für Läufer, Oberhaching 1991.
Das Buch besteht – nach ein paar einführenden allgemeinen Hinweisen – nahezu komplett aus konkreten Trainingsplänen für die Distanzen 10 km, 21,1 km, Marathon und 100 km, ausgerichtet auf unterschiedliche Zielzeiten.

Peltzer, Dr. Otto: Das Trainingsbuch des Leichtathleten, Stuttgart 1928.
Otto Peltzer gibt zu jeder Leichtathletik-Disziplin ausführliche Trainingshinweise. Das Buch, das den Wissensstand Mitte der dreißiger Jahre vermittelt, bildet zwar eine Einheit, aber nicht alle Texte stammen von Peltzer. Die anderen Autoren kann man nur anhand des Inhaltsverzeichnisses auf einer der letzten Seiten nachvollziehen.

Peters, Christiane / Theo Stemper: Laufen, Niedernhausen 1996.
Mit vielen farbigen Bildern, aufschlussreichen Zeichnungen und zahlreichen Tabellen zeigt sich dieses Werk sehr gut visualisiert. Die Wirkungen des Ausdauertrainings werden sehr anschaulich beschrieben, Lauftraining und Trainingsprogramme kommen jedoch zu kurz.

Prochnow, Thomas, Welz, Rainer: Laufen in Düsseldorf, Regensburg 1999.
Im ersten Teil wird das Lauftraining vom Sportwissenschaftler und Trainer Dr. Prochnow beschrieben: Ernährung, Bekleidung, Verletzungen und gezieltes Training sind die Themen. Konkrete Trainingspläne für alle Leistungsklassen werden vorgestellt. Daneben werden in einem zweiten Teil die schönsten Laufstrecken der Region beschrieben. Das Buch ist auch mit einem zweiten Teil für viele andere Städte in Deutschland erhältlich.

Raatz, Wilfried: Richtig Marathon, München, Wien, Zürich 2000.
Der Leichtathletik-Trainer und Fachjournalist erklärt die Grundsätze des Lauftrainings, die speziellen Erfordernisse des Marathonlaufes und beschäftigt sich mit dem „Drumherum", wie Marathonstrecken und Marathonreisen.

Reschke, Manfred, Schack, Hans-Harald: Laufen. Vom Jogging zum Marathon. Berlin 1998
Reschke ist Trainer in Berlin, er betreut eine Frauenlaufgruppe beim SCC Berlin und gibt Halbmarathon und Marathonkurse. Sein Co-Autor ist Journalist. Ein systematisch sehr gutes Handbuch für Anfänger und Fortgeschrittene. Komplizierte Abläufe im Körper werden verständlich erklärt, mit ausführlichen Trainingsprogrammen und vielen nützlichen Hinweisen für die Praxis.

Scott, Dagny: Das große Laufbuch für Frauen, Mülheim 2001
Alles, was SIE über das Laufen wissen muss: Gesundheit, Training, Gymnastik, Wettkampf. Die amerikanische Laufexpertin Dagny Scott gibt Tipps, wie SIE ihren eigenen Stil auch beim Laufen entwickeln kann.

Sternad, Dagmar: Richtig Stretching für Freizeit und Leistungssportler, München 1992.
Nach einer informativen und ausführlichen Einführung in Anatomie, Physiologie und Dehnungsmethoden werden Übungen zum Stretching aller Muskelgruppen angeboten.

Steffens, Thomas, Grüning, Martin: Das Laufbuch, Hamburg 1999.
Die Laufzeitschrift RUNNERS WORLD ist Pate dieses Buches: Chefredakteur Thomas Steffens und Redakteur Martin Grüning geben Trainingshinweise für Läufer aller Leistungsklassen, informieren über die richtige Ernährung und passende Ausrüstung. Geschrieben ist das Buch in der lockeren Sprache der Zeitschrift, für die in diesem Buch allerdings auch viel Werbung gemacht wird.

Manfred Steffny, Rosemary Breuer: Das Frauen-Laufbuch, Erkrath 1982
Der Sportjournalist und Marathonläufer Manfred Steffny und die ernährungsmedizinische Beraterin Rosemarie Breuer gingen mit dem ersten Buch zum Thema in Deutschland auf die speziellen Aspekte des Frauenlaufs ein.

Steffny, Herbert, Pramann, Ulrich:
Perfektes Lauf-Training, 1998.

Herbert Steffny, der Marathondritte der Europameisterschaften in Stuttgart 1986, und Ulrich Pramann, der Herausgeber der Zeitschrift FIT FOR FUN, vermitteln dem Leser in lockerer, verständlicher Sprache das Grundlagenwissen rund um`s Laufen. Grundlagen des Lauftrainings werden erklärt, zahlreiche Trainingtipps erleichtern das Läuferleben vom Anfänger bis zum Marathonläufer. Hinweise zu Ausrüstung, Ernährung und Verletzungsvorsorge runden das Buch ab.

Wessinghage, Ellen und Thomas:
Laufen München, Wien, Zürich: BLV, 1991.

Ellen und Dr. Thomas Wessinghage sind beide zweifache Olympiateilnehmer. In ihrem reich bebilderten Buch beschäftigen sie sich mit allen Aspekten des Laufens. Folgerichtig trägt dieses Buch auch den Untertitel: Ratgeber für Ausrüstung, Technik, Training, Ernährung und Laufmedizin. Der Orthopäde Wessinghage legt viel Wert auf Körperschule und Laufmedizin.

Literatur und Anthologien

Günter Herburger: Lauf und Wahn. Mit Bilder von der Strecke und Traum und Bahn, Darmstadt 1990 & 1994.

Ob Günter Herburger eher ein laufender Literat oder ein literarischer Läufer ist, wer weiß es? Poetisch (und manchmal auch mit Kamera ausgerüstet) beläuft Herburger die Marathons und Ultraläufe dieser Welt. Länder- und Streckenbeschreibungen wechseln mit Sozialanalysen seiner Mitläufer und medizinischen Details der eigenen Körperreaktionen. Herburger zeigt, wie man aus dem Thema laufen richtig gute Literatur machen kann.

Harald Krämer, Klaus Zobel: Marathon. Ein Laufbuch in 42,195 Kapiteln, Reinbek 1995

Informativ und kurzweilig, mit viel Insiderwissen und Witz vollgepackt, ist es die ideale Regenerations-Lektüre. In Reportagen, Porträts und Glossen fängt es den Reiz des Massenphänomens Marathon ein.

Zum Autor

Claus Dahms, Jahrgang 1957, arbeitet seit 1985 als Zeitschriften-Redakteur und Fachjournalist für Ausdauersport. Regelmäßig erscheinen in den deutschen Laufzeitschriften seine Publikationen rund ums Laufen. 1989 wurde die erste Auflage seines Buches „Wo läuft's wie?" gedruckt, ein Wegweiser durch die bundesdeutsche Straßenlaufszene.
Doch Claus Dahms bleibt nicht bei der Theorie. Er läuft seit 29 Jahren, kann auf Bestzeiten von 32:44 Minuten über 10.000 m und 2:44 Stunden über Marathon zurückblicken. Daneben steigt er regelmäßig auf Rennrad und Mountainbike und rollt ebenso begeistert auf Inline-Skates über den Asphalt.

Frank Ketterer
Triathlon – Geschichte, Kultur, Praxis
192 Seiten, Hardcover. Mit zahlreichen Abbildungen.
ISBN 3-89533-314-X, € 16,90 / DM 33,–

Aus dem einmaligen Spektakel 1978 auf Hawaii wurde binnen
weniger Jahre eine breite, internationale Sportbewegung.
Das Buch zeichnet die steile Karriere des Triathlon nach, stellt
die berühmtesten „Ironmen" vor und gibt Hinweise, was
Hobbyathleten im Training und in der Wettkampfvorbereitung
beachten sollten.

VERLAG DIE WERKSTATT
www.werkstatt-verlag.de